[第3版]

ゼロからの
不動産学講義

大阪学院大学
経済学部准教授

相川眞一［著］

創 成 社

はしがき

本書は、**大学の一般教養課程の学生を対象**とした「**不動産学の入門書**」として書かれたものである。不動産学は、民法等の私法・租税法等の公法・建築工学・土木工学・経済学・会計学等の融合体と言えるが、さらに、周辺科目として、歴史・地理・地学・文学・数学等が絡んでくる。本書は、それらを暗記ではなく、理解できるように記述している。

また、本書では、随所に宅地建物取引士試験または不動産鑑定士試験の問題が掲載されている。本書は国家試験の受験参考書ではないが、これらの試験問題は練りに練られており、基礎学力の習得度合いをチェックするのに最適なためである。

不動産学を学ぶメリットを列挙しよう。(1)住宅取得に失敗しないようにする。(2)住みよいまちづくりをするための知識を身につける。(3)宅地建物取引士資格を取り、就職活動を有利に展開する。(4)ビジネスに役立てる。…そして、私が一番重視したいのが、(5)**防災・減災の知識を身につけ、自分および他人を守ること(自助・共助)**である。

さらに、本書は、**社会人の方々の「学び直し」**をも意識して書かれている。勉強を始めるのに遅すぎるということはない。**人生100年時代、まだまだ先は長いのである。**読者の皆様には、ますます学んでいただければと願ってやまない。

2018年3月

大阪学院大学経済学部准教授　相川眞一

第3版発行にあたって

改訂版が出版された後に、新型コロナウイルス禍が起こり、ユーチューブ動画によるオンライン授業を2年間、そして、受講人数制限下での対面授業を1年間実施した。この間に、「**リベラルアーツ**（liberal arts）」という言葉が大学教育の中で聞かれるようになった。

私の専門は不動産学だが、「社会に出て役立つ学問」ということで**実学**（practical study）といわれる。ただ、自分の専門分野には強いが、他の分野のことはよくわからないでは、これからは通用しない。なぜならば、社会問題はさまざまな要因が絡むからである。リベラルアーツとは、本来ローマ時代の**自由7科（文法・倫理・修辞・算術・幾何・天文・音楽）に起源を持つ、自由人として生きるための学問**とされている。

本書は、刊行以来リベラルアーツ的な記述を取り入れてきたが、第3版では、第1章「不動産学超入門（昭和編）」、第2章「不動産学超入門（平成・令和編）」でリベラルアーツ的探究を深めている。第3章以降は徐々に専門的実学的探究に移行し、専門用語の解説を充実させた。

大学入試や国家試験では「正解を求める勉強」が求められる。しかしながら、わが国が直面する空家問題・防災問題・東京一極集中問題・地球温暖化問題等は絶対的な正解がなく、さまざまな解決策が考えられる。つまり、正解は一つではない。本書を読み、多様な考え方をする習慣を身に付けていただきたい。

さいごに、私は経済学者の端くれであるが、経済とは何であろうか。中国の古典、経世済民からきていると言われている。「世を經め、民を濟ふ」、すなわち経済政策等で国民を救うこと。不動産学が読者の皆様にお役に立つことを願ってやまない。

２０２３年３月

相川眞一

目　次

第1章 不動産学超入門

1. 不動産とは

不動産という用語の由来は、よくわかっていない。明治時代の初期に使われ始めたと言われている。不動産は、アメリカでは real estate というが、イギリスでは immovables、フランスでは immobiliers、ドイツでは immobilien とされている。いずれも「**動かない物**」の意味合いがあり、西洋の文献を直訳したのではないかと言われている。

わが国では、民法第86条第1項において、不動産とは、「**土地及びその定着物は、不動産とする**」と規定されている。定着物の代表例は、建物である。さらに、橋、石垣およびトンネルも定着物に該当するとされている。この中で、特に、土地が重要である。土地は、人類の歴史の中で、常に生活基盤・生産基盤であった。神代の時代より人間は、一瞬たりとも土地との関係なくして生きることができなかった。それ故、私は、不動産に関する研究には**歴**

史の勉強を避けて通れないと考えている。

土地は、646年の**大化の改新の詔**で**公地公民制**（すべての土地・人民は国家（天皇）の所有）とされていた。701年に現代の民法や行政法規に該当する令や、刑法に該当する律を含む**大宝律令**により、田が農民に与えられることとなった（**班田収授法**）。そして、国は農民に農産物を耕作させ、**租**（稲を税金として納める）・**庸**（都での労働の代わりに麻布を納める）・**調**（絹等の特産品を納める）を課し、それを**地域活性化**に役立てたのである。しかしながら、農民の暮らしは重い年貢や役務により苦しくなっていった。耐えきれずに、夜逃げをする農民が続出し田畑は荒れていった。事態を重く見た国は、723年に**三世一身法**を制定し、「山林原野や荒れ地を開墾して造った農地を孫の代まで三世にわたって所有すること」を認めた。しかしながら、十分な効果が出なかったため、743年に**墾田永年私財法**を制定し、「開墾して造った農地を永久に所有すること」を認めたのである。かくして、本来**国有地**だった土地が**私有地**と化していったのである。

不動産業が出現したのは、安土桃山時代から江戸時代へ変遷した頃だと言われている。私の先祖は、大坂夏の陣で豊臣方の武将として戦い、そして敗れ、その後、現大阪府茨木市の鮎川（あゆかわ、または、あいかわと発音する）地区の安威川（あいがわ）の河岸で、材木商として栄えたらしい（お寺の過去帳に、「鮎川屋〇兵衛」等と記されている）。本業のかたわら、長屋を建築し人々に賃貸していたそうだ。江戸時代になり戦が途絶えたことが、不動産業の発生要因の1つではないだろうか。相川家は、その後、1800年頃に紀伊（和歌山県）に移ってきた。

1867年に明治政府が誕生し、1871年に貨幣制度改正で**円**ができ、1873年には**地租改正**が行われた。それまでは耕作者である農民が収穫高に対応した納税（**物納**）をしていたのに対し、土地所有者が土地価格に対応した納税（**金銭納付**）をすることになった。さらに、土地を担保（**抵当権の設定**等）とした借金の制度もでき、それとともに、土地利用は多様化していったのである。

2. 不動産学とは

不動産学の確固たる定義は、わが国にはまだ存在しない。私が、今現在考えている「不動産学の定義」は、左記のように、(1) 基本形および (2) 発展形の二段階に分かれる。

(1) 基本形

不動産学とは、民法、宅地建物取引業法、租税法その他の不動産に関する行政法規を基礎として、土地建物の知識および不動産実務が縦横無尽に有機的に融合されたものを言う。

(2) 発展形

(1)に加え、不動産の証券化・人工知能等の最新知識・技術を導入することにより、防災対策・少子高齢化対策・地方創生・空家対策・景観向上・経済活性化・住みよいまちづくり等の実現を図り、もって国民生活の安定向上ならびに国民経済および地域社会の健全な発展に寄与するものをいう。

すなわち、不動産というわれわれに欠くことのできない基盤を適正に有効活用することにより、幸せを築き上げる学問と言えよう。

3．津波で流される

私が1歳の時に、わが家を水害が3回も襲った。**伊勢湾台風**、**チリ地震**および**第二室戸台風**によるものであった。

伊勢湾台風およびチリ地震による水害はうまく逃げることができたが（もっとも、記憶にないが）、第二室戸台風の時は、母におんぶされて避難している途中で激流に追い付かれ、母子ともども水に飲み込まれた。その様子を見た人によると、われわれは巡視船に助けられたそうである。第二室戸台風で大阪は大きな被害を受け、これを教訓に1970年の万博開催に向けて高潮堤・河口水門等を1，500億円もかけて強靭化した。

今、私は「水害」と書いたが、厳密には、チリ地震のときの水害は「**津波**（tidal wave）」であり、伊勢湾台風および第二室戸台風のときの水害は「**高潮**（high water）」である。

4. 2歳の絵本デビュー

あれは2歳の誕生日のことである。母が「シンちゃんはもう2歳になったから、本を読めるようにならないとね」と言い、私は、母に連れられて近くの多屋長書店に行き、『**ちいさいおうち**』（バージニア・リー・バートン著・石井桃子訳・岩波書店）を買ってもらった。この本こそが**私と不動産学との出会い**であり、私のその後の人生を決定づけたのである。

あらすじは、以下のようなものである。むかしむかし、ある環境のいい場所にある人が家を建てた。ちいさいけれど、それは丈夫な家だった。その人は、「この家は絶対に売らないぞ。孫の孫のその孫の代まで」と言った。月日が経ち、その「ちいさいおうち」の周辺には、大きな道路ができ、ビルが建ち、駅が開通した。さらに月日が経ち、周辺は**再開発**（develop again）され、**超高層ビル**（super high building）が建ち、多数の人々が通行し、夜でも電気で明るく、季節感がなくなり、「ちいさいおうち」に住む人もいなくなり、**空家**（vacant house）となった。ちいさいおうちは、昔のことを思い出した。

ある日、ある家族が「ちいさいおうち」の前を通り、「あれ？　このおうち、おばあちゃんが住んでいたおうちに似ている」と思い、調べてみるとそのとおりだったので、郊外に**移転**（removal）した。「ちいさいおうち」は、再び、太陽や月をしっかりと眺めることができる生活にもどることができたというハッピーエンドのお話である。

絵本の中には、「**住宅**」・「**季節の移り変わり**」・「**子供の成長**」・「**まちづくり**」・「**都市**」・「**都市発展の光と影**」という不動産学の本質的な内容が包含されていた。私は寝る前に、母に1日に見開き2ページずつ読んでもらい、理解不能な用語や気に入った箇所は何度も解説を交えて読んでもらった。眠りに落ちた後は、夢の中に、アメリカの西へ西へと国土開発されていった「ちいさいおうち」の**絵本の原風景が私の眼前に広がった**。ひととおり理解できた後は、自分で繰り返し読破した。あまりに読み込んだため、本が擦り切れてしまい、後日2冊目を買ってもらうことになる。時は1960年、わが国は**池田勇人**が首相となり、「**所得倍増計画**」で盛り上がっていた。

5. 大相撲に熱中

当時、私の家にはテレビがなかった。真向いの熊重さんという料亭で見せてもらっていたのだが、新聞に掲載された大鵬・柏戸・豊山・佐田の山……という四股名に勝ち負けをつけていくうちに、漢字を覚えてしまった。

大鵬さんのように上半身に無駄な肉がなく下半身がガッチリしているお相撲さんは、簡単に倒れない。逆に、上半身が重く下半身の細いお相撲さんは倒れやすい。住宅も同じである。木造2階建て住宅を考えよう。広い部屋は、壁や柱が少ないので一般論として地震等の外力に弱い。下半身が強いほうがよいので、**広い部屋は2階に造ったほうがよい**とされている。また、上半身である**屋根は軽いほうがよい**。

6. 探検に出る

絵本に熱中した私は、マーク・トゥエインの『トム・ソーヤーの冒険』等の冒険ものにはまり、実際に野山を探検した。

ある真夏の日、知り合いのお兄さんが「今日は秘密の場所に連れて行ってあげよう」と誘ってくれたのである。

実家近くの2級河川・会津川をさかのぼり、高山寺という名刹がある山を越え、会津川の支流にあたる稲荷川の中流横の**段丘**を登った所に林がこんもりとあった。「この木は何という名前?」と私が聞くと、「シンちゃんは知識欲旺盛だな。ミズナラかコナラだよ」と、お兄さんは教えてくれた。木の幹には、ミヤマクワガタとコクワガタが仲良く樹液を吸っていた。林の後ろに洞窟のようなものがあり、われわれは入って行った。見事な**地層**が浮き出ており、しかも互い違いにズレていた。「どうだい、すごいだろ。**断層**だよ。17年ほど前の**昭和南海地震**で動いたらしいんだ。おじいちゃんが言ってた。**断層周辺の地層は地震に弱いって**」と、お兄さんが教えてくれた。また、近くの山の斜面では**崩壊**が発生しており、本来は山の頂上付近に生えている草木がふもとに生えていることも知った。崩壊は、一度起こると二度三度と起こるので厄介である。

国家試験にチャレンジ！①（宅地建物取引士試験・1989年）

地形に関する次の記述のうち、誤っているものはどれか。

1 地表がほとんど平坦で、近くの河、湖、海などの水面との高低差がきわめて小さく、古い集落や街道のない地形は、軟弱地盤であることが多い。

2 断層とは、地層がある面を境として互いに上下・左右にずれているものであり、断層面周辺部分の地層強度は著しく低下している。

3 崩壊跡地は、周辺と異なる植生を示し、微地形的には馬蹄形状の凹地形を示すことが多く、一度崩壊しているので安定した土地である。

4 地図の上で等高線が密な所は、その地形の傾斜が急であり、疎の所は、その地形の傾斜が緩やかである。

正解は、3である。

7. 幼稚園で都市を学び、東京五輪に熱狂

幼稚園の担任の先生は、新堀先生という若くてべっぴんさんで、しかも、優しくて授業がわかりやすく、毎日が学園天国であった。よくスクリーンを使い、世界の絵画や都市の風景を写し説明してくれた。ニューヨーク・ロサンゼルス・シンガポール・パリ・マンチェスター・モスクワ・ローマ・ジュネーブ……さまざまな都市の話をしてくれたが、私のお気に入りはコペンハーゲンおよびアムステルダムであった。都市には、山中のものと海辺のものがあるが、私は海辺の都市が気に入った。

都市好きが高じて**地理**にのめり込んだ（血液がB型のためか、興味がわくと深入りする）のもこの頃で、次のことを学んだ。**等高線の密**（**幅が狭い**）**部分は傾斜が急**、**疎**（**幅が広い**）**部分は傾斜が緩やか**とか、**扇状地**は地盤が比較的安定し、**台地**や**丘陵地**は、もっと頑丈。他方、**三角州・埋立地・干拓地**は海ばつが低く地盤が軟弱である、とか……。

図表1－1

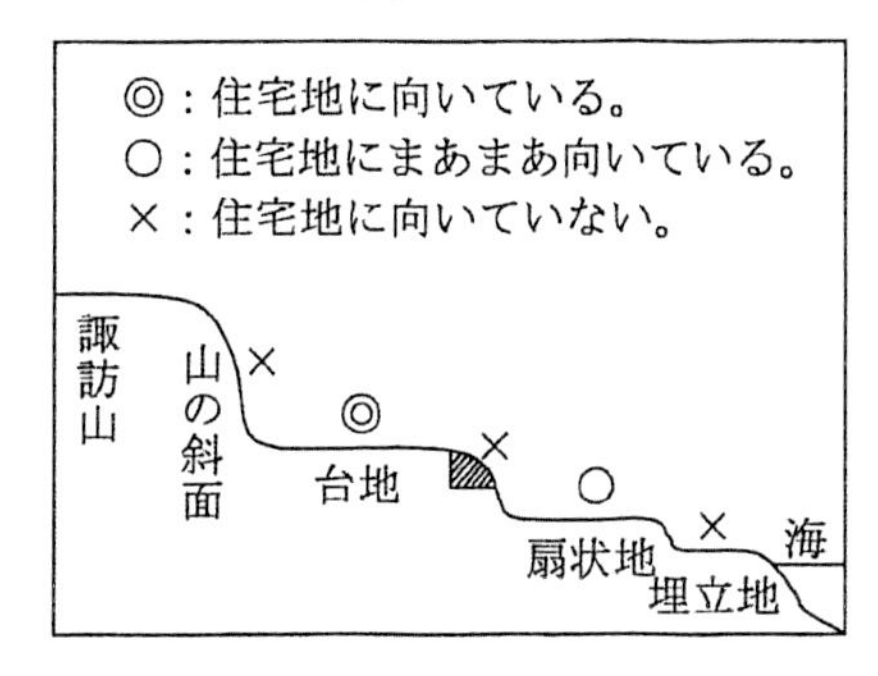

時は、1964年、**東京五輪**で国中が盛り上がり、街中で**「東京五輪音頭」**が流れていた。

国家試験にチャレンジ！②（宅地建物取引士試験・1995年）

土地に関する次の記述のうち、適当でないものはどれか。

1 段丘は、水はけが良く、地盤が安定していることが多い。
2 台地部の縁辺部は、集中豪雨の際、がけ崩れによる被害を受けることが多い。
3 自然堤防に囲まれた後背低地は、地盤が安定していることが多い。
4 旧河道は、地盤が軟弱、低湿で、地震や洪水による被害を受けることが多い。

正解は、3である。

国家試験にチャレンジ！③（宅地建物取引士試験・1994年）

次の記述のうち、宅地を選定するに当たって最も適当なものはどれか。

1 なだらかな丘陵地　**2** 扇状地　**3** 干拓地　**4** 旧河道

正解は、1である。

8．初めてのお使い

大阪の親戚のお兄さんが家に遊びに来た。「シンちゃん、僕の**代理**で、なんば焼（紀州名物の高級かまぼこ）の詰め合わせ4セットを買ってきてくれる？　おつりは**報酬**としてあげよう」と、1万円札を差し出した。お兄さんは私に頼んだ（**委任**した）ので、私は、他の人に自由に頼む（**復代理人を選任**する）ことはできない。

国家試験にチャレンジ！④（宅地建物取引士試験・1986年）

代理に関する次の記述のうち、誤っているものはどれか。

1　未成年者でも代理人となりうる。
2　委任による代理人は、自由に復代理人を選任することができる。
3　代理権は、代理人の死亡によって消滅する。
4　代理権の消滅は、それを過失なくして知らない第三者に対して主張することはできない。

正解は、2である。

9. 林業

１９６４年、幼稚園に上がる頃、わが家は、副業で林業をすることになった。「和歌山県大塔村の下刈（したがり）・間伐（かんばつ）を終えた森林を買い取ってほしい。何年か経って木が成長したら、転売できるから」という条件だった。私も一度、山の所有者や住友林業の方に同伴してもらって現地に行った。

１９６６年、わが国の**人口が1億人突破し食料危機問題**が議論され、**人口増加を抑制すべきだとされた**。人口増加の影響からか、１００万円（現在価値で約１、０００万円）で購入した森林は、数年後には倍の２００万円（現在価値で約２、０００万円）で売れたようだ。単なる金もうけではなく、森林は成長段階で、**CO_2（二酸化炭素）を吸収し、O_2（酸素）を排出するので、地球環境に寄与している**という自負があった。森林のサイクルをうまく回すことで、**サステナブル**（持続可能）な保続林業が確立できるのである。

図表１－２　森林のサイクル

10. ウルトラマンと人工知能

小学校に入学した頃、私は怪獣に熱中した。怪獣図鑑を3冊も所有し、学校の宿題が終わった後は、毎日夜遅くまで「怪獣の研究」に励んだ。おかげで、すべての怪獣につき、体長○メートル、体重○万トン、出身地……という基本情報を暗記していて、同級生からは「怪獣博士」と一目を置かれていた。1966年3月、特撮ドラマ「ウルトラQ」第10話で、「人工生命M1号」が登場した。これが、私が初めて**人工知能**（AI）を知る契機となる。この人工生命M1号は、「大阪大学の相川教授」の研究開発によって誕生した。そのため、私は、同級生はもちろんのこと担任の先生にまで、「相川君の将来は、大学教授だね」と言われた（からかわれていただけだが、単純な私は、その気になってしまった）。

1967年1月、特撮ドラマ「ウルトラマン」第26・27話で、古代怪獣ゴモラが登場した。1970年の大阪万博に生きたまま展示するため、麻酔で眠らせビートルで運んでいたが、途中でゴモラが目を覚まし六甲山に落下したのである。その後、地中を移動し大阪城公園に現われたゴモラは、大阪城を破壊した。

「僕の大好きな大阪城になんてことをするんだ！」と、私は憤慨しその後冷静になった後、「どれくらいの価値が失われたのだろう」と、考えた。ゴモラによって大阪城が破壊される

2年前の1965年より**不動産鑑定士試験**が行われており、私は鑑定評価理論を調べた。不動産の鑑定評価の手法には、原価方式・比較方式・収益方式の3つがあり、大阪城のような**市場性を有しない**（すなわち、売買や貸借の対象とならない）文化財産は主に**原価法**で評価される。原価法とは、次の式で算定される。(注1)

再調達原価　－　減価修正　＝　積算価格

再調達原価とは、「その不動産を今造ったら、いくらコストがかかるか」である。減価修正とは、古くなった分を引くことである。ゴモラに破壊された当時の大阪城の再調達原価を、400億円と仮説しよう。減価修正は、文化財産に関しては一般の建物と異なり古くなったからといって価値が下がるとは限らない。それどころか、絵画・彫刻・柱・はり等は骨董的価値が認識され、減価ではなく増価になる可能性がある。

原価法は建物の鑑定評価に特に有効であり、土地では**造成地や埋立地に有効だが、既成市街地の評価には一般的に用いることはできない。既成市街地とは**昔ながらの街で、たとえば京都駅前の土地である。ポートアイランドを今造ったらいくらかかるかは算定可能であるが、京都駅前の土地を今造ったらいくらかかるかは算定することはできない。なぜならば、人間が造ったのではなく、天与（天から与えられた）のものだからである。

国家試験にチャレンジ！⑤（宅地建物取引士試験・1981年）

不動産の価格を求める鑑定評価の方式の1つに原価法があるが、原価法を適用することができる場合の例示として明らかに誤っているのはどれか。

1 建物の価格を求める場合。
2 建物とその敷地の価格を求める場合。
3 造成地の土地の価格を求める場合。
4 既成市街地の土地の価格を求める場合。

正解は、4である。

11. 霊能者との出会い

紀州の由良に女性の霊能者がおられた。人の運命をズバリ的中させることで有名で、人々から「拝み様」と畏れられていた。あれは、1967年2月、叔母の結婚式に出た帰り、国鉄天王寺駅より両親と「急行きのくに」に乗り、偶然にも和歌山駅よりその拝み様が乗って来られた。大きな数珠を首に掛け、恐山のイタコのような強烈なオーラを放ちつつ、私達の近くの席に座り、鋭い眼光で私を睨んだ。私のトイレ中に、私の母にこう話したそうだ。

「お宅の坊ちゃんは人生の後半において二つの職業で大成する、と断言しておこう。ただし、若いうちは、さっぱりじゃがな」と。

拝み様が由良駅で降りる際、私の母に「ところで、おぬしの名は?」と聞いた。「相川です」と答えると、「ハハハ…。ならば、相川の大学で教職に就くがよい」と笑った。

私は、幼稚園児の頃から「大きくなったら本を出版したい」という夢があったが、この時、**「著作業と教職という二足のわらじ」**を意識し始めた。

30年後の1997年、私は、大阪学院大学の非常勤講師となった。「相川の大学」という と大阪成蹊女子短期大学なのでズバリ的中ではなかったが…。

12. 聖地・甲子園球場へ

大阪学院高校に恐るべき投手がいた。**江夏豊投手**である。彼が阪神タイガースに入団したのが1967年。私は、阪神ファンとなり**甲子園**へ行った。夏だったので汗をかきハンカチで額の汗をぬぐったら、白いハンカチが真っ黒になって驚いた。一緒に来ていたYちゃんが、「甲子園周辺は阪神工業地帯で工場が多く、大気汚染がすごいねん」と言ったのを覚えている。大気汚染・水質汚染・悪臭・騒音……これらを**公害**(pollution)という。

翌1968年に**都市計画法**ができた。この法律は、**住みやすいまちづくりをするためにはどうすればいいのか**ということを規定し、日本の国土のうち、ある程度、人が住んでいてまちづくりをすべき所を、**都道府県**が**都市計画区域**に指定し、さらにその区域のうち一定区域を**市街化区域と市街化調整区域に区域区分できる**とした。前者はすでに市街地となっている区域およびおおむね**10年以内**に優先的計画的に市街化を図るべき区域（**ニュータウン**等）で、後者は市街化を**抑制すべき**区域である。前者では計画的に開発し、後者ではなるべく開発はせず自然を残すのである。すなわち、**市街化調整区域では、宅地造成や建物の建築はできない**（例外的に許されることがある）。翌１９６９年に**人類は月に着陸**した。

国家試験にチャレンジ！⑥（宅地建物取引士試験・１９８１年・一部改題）

都市計画法に関する次の記述のうち、正しいものはどれか。

1 都市計画区域の指定は、原則として都道府県がする。

2 都市計画区域は、市町村の行政区域により指定される。

3 都市施設に関する都市計画は、都市計画区域外に定めることはできない。

4 都市計画区域外における開発行為は、開発許可が不要である。

正解は、１である。

13. 岩石・鉱物・ジュエリーに夢中

1969年、小学校5年の時に理科の授業で岩石について学び、また、母が化粧品や金・銀・プラチナ・真珠・宝石等ジュエリーの仕事を始めたので、岩石・鉱物の採集や研究に夢中になった。たとえば、凝灰岩は家の門等に使用されるがカッターで字を彫ることができ、近所の悪ガキが他人の門にいたずらして叱られていた。頁岩は「ページがん」と読まず、「けつがん」と読むが、薄く1枚1枚はがれていくように風化（日光・風雨等の作用で破壊されること）していく。花崗岩（神戸産の御影石が有名）は墓石やビルの壁に使用される高級石材だが、表面を加工処理しないと風化していく。以上3つの岩石は崩壊しやすい。

国家試験にチャレンジ！⑦（宅地建物取引士試験・2021年）

土地に関する次の記述のうち、最も不適当なものはどれか。

1　沿岸区域における地震時の津波を免れるためには、巨大な防波堤が必要であるが、それには限度があり、完全に津波の襲来を防ぐことはできない。

2　一般に凝灰岩、頁岩、花崗岩（風化してマサ土化したもの）は、崩壊しにくい。

3　低地は、大部分が水田や宅地として利用され、大都市の大部分もここに立地している。
4　平地に乏しい都市の周辺では、住宅地が丘陵や山麓に広がり、土砂崩壊等の災害を引き起こす例も多い。

正解は、2である。

都市計画法により、**市街化区域内にある農地は10年以内に宅地化される**ことになったが、市街化区域内の農家の中にも、「今後も農業を続けたい！」という**農業続行を希望する者**が多く、1974年に**生産緑地法**ができたのである（第2章2．参照）。

14．高度経済成長期の想い出

家の近所に大型スーパーができた。私達子供はうれしかった。なぜならば、親が買い物に連れて行ってくれるからである。店内で、ちょっとぜいたくなハンバーガーやチョコレートパフェ等を生まれて初めて食べさせてもらったので、大満足であった。しかしながら、**住宅街に工場や大きな店舗が建設**され、**日照権**等のトラブルが発生していた。

そこで、都市計画法では、市街化区域等に、**ニューヨーク**や**フランクフルト**等、欧米でなされていた**用途地域**（zoning）が指定された。用途地域は、当初、住居地域、商業地域、準工業地域および工業地域の4つに分類された（その後、時代の流れで細分化された。後述）。そして、**建築基準法**で、**住居地域**では原則として**工場を建築できない**とか、逆に、**工業地域**では**学校や映画館は建築できない**等の制限（**用途制限**という）が規定された。

国家試験にチャレンジ！⑧（不動産鑑定士試験・1979年・一部改題）

次に掲げる建築物のうち、工業地域において建築できないものはどれか。

1　共同住宅　2　肥料製造工場　3　石油製造工場　4　映画館　5　図書館

正解は、4である。

15．日本万国博覧会

1970年3月14日（一般公開は15日）に、大阪府吹田市の千里丘陵で**日本万国博覧会**（Japan World Exposition, Osaka・EXPO'70）が開幕し、観客動員数6、421万8、770人を達成した。万博に出展し、その後大きく普及したものとして、**温水洗浄便座・動く歩道・エアドーム・ワイヤレスフォン**（**携帯電話**）**・テレビ電話・モノレール・原子力発電**等がある。未来の先取りである。また、吹田市および大阪市を中心に、道路・鉄道が整備され、電車の**自動改札**が世界で初めて（1967年）導入されたのも**吹田市**である。

当時、日本人は、**エコノミックアニマル**と呼ばれた。経済優先で迫ってくる、そして、経済大国へのし上がろうとする日本人の姿を揶揄する言葉として、諸外国から逆輸入されて浸透した流行語である。ただ、これは、パキスタン大統領ブット氏が就任前にした、「日本人はしっかりしている」という趣旨の発言が元だったと言われている。(注2)

この1970年こそが、私の人生で一番心に残っている年である。1月には、クイズ番組の優勝景品として1,000万円の3LDKマンションが提示されたが、一定金額を超える等の景品を制限または禁止する不当景品類および不当表示防止法（**景表法**）違反で、中止となった。4月には、**地価公示**がスタートし、最高価格は銀座5丁目の220万円であった。7月には、以前からタブーとされてきた皇居周辺の超高層建築物の建築が一定条件のもとに許された。8月2日（私の誕生日）には、銀座での歩行者天国がスタートした。9月には、東京都杉並区の高校生40数名が、光化学スモッグで倒れ、**地球環境**に関する議論が活発化した。1970年の名目GDP（Gross Domestic Product）の世界シェアは、1位アメリカ、2位ソ連、3位ドイツ、4位日本（6・2％）であった。

16. 物の価格は何で決まるか

１９７１年４月、中学校に入学した。ある日、母にお使いを頼まれた。「夕食にハリハリ鍋をするので、クジラの赤身肉５００グラムを買ってきてちょうだい」と。近くのスーパーに行き、いろんな商品の価格をチェックした。

クジラの赤身肉……100グラム当たり　20円
熊野牛ロース……100グラム当たり　150円
カップヌードル……1個　150円

当時は、現在と比較し、物価は約10分の1である。和歌山県では、クジラ料理は庶民の家庭料理の定番であった。美味いし、高タンパク・低脂肪で、しかも激安価格である。しかしながら、たびたびクジラ料理では飽きてくる。

ある日、「一度、カップヌードルを食べたいな。H君は、昼の弁当にカップヌードルを持ってきていた」と、両親にお願いした。父から、「贅沢言うな！　H君の家は金持ちだ。クジラが嫌なら食べなくていい」ときつく叱られた。

さて、40年後、実家に帰った時に、スーパーで前記商品の価格を確かめた。

1. クジラの赤身肉……100グラム当たり　1,800円
2. 熊野牛ロース……100グラム当たり　1,500円
3. カップヌードル……1個　150円

クジラは90倍に、熊野牛は10倍に値上がりした。しかしながら、カップヌードルは、変わっていなかった。物の価格は、一般の商品では、**需要と供給の関係**で決定される。クジラの赤身肉の高騰は、供給の激減が原因である（不動産に関しては第4章を参照）。

17. 日本列島改造論

1972年7月、**田中角栄**（1918〜1993）が内閣総理大臣に就任した。1971年末の日経平均株価は2,700円だったが、田中内閣を歓迎して、1年後の72年末には5,200円、73年1月には5,360円のピークに達した。角栄氏のテレビでの演説は今でもよく覚えている。「私は、『**日本列島改造論**[注3]』を掲げたい。今のわが国は3大都市圏に、ヒト・モノ・カネが集中しすぎている。われわれが本当に幸せになるためには、地方にいながらにして、安定した職業につき、水準の高い教育・医療サービスを受けることができるようにしなければならない。それを念頭に置いたまちづくりによる地方の活性化により、3大都

市圏への集中が緩和され、日本全体のバランスを保つことができる。要は、**日本列島全体をグローバルに見ること**（**俯瞰**）**が大切**なのであります」

しかし、ここで困った事態が発生した。

A「角さんは、地方でもまちづくりを進めると言ってるよ」
B「ということは、地方でも地価が上がるということだ」
C「じゃあ、地価が上がりそうな土地を今のうちに買っておこう」
D「こりゃあ、金儲けができるぞ」

……という会話が日本各地で起こり、土地の買い占め・乱開発が相次ぎ、その結果、地価が急上昇した。その当時、新聞紙上をにぎわした新語が、「**日本国民総不動産屋**」である。このような土地を崇拝する日本人の気質（**土地神話**）が、その後何十年にもわたり、**日本経済を翻弄**していったのだ。

1973年の第4次中東戦争の影響で原油価格が4倍に高騰（**オイルショック**）し、翌74年に角栄氏は退陣を余儀なくされた。同年、地価を下げるために**国土利用計画法**が制定された。一定の**土地売買等の契約**（売買・交換等）を行う場合は、**許可申請や届出が必要**となった（相続や抵当権の設定等は不要）。「自分の土地を売る場合でも許可や届出がいるなんて、面倒だ」と当時は不評であった。ただ、この法律が功を奏して、翌75年より、**第二次世界大戦後初めて、わが国の地価は下落**した。

ところで、この頃の日本で最も深刻な社会問題の1つに、**人口問題**があった。人口減少問題ではなく、**人口増加問題**である。ホームルームで、「どうすれば、日本の人口を減らすことができるか」を話し合った。私が通っていた**高尾中学校**では、クラスを班に分け、順番に班日記を記載した。私は、何十ページにもわたってその対策法を書いたが、杞憂に終わった。

18. 宅建って儲かるの?

1973年のことである。知り合いのおじさんが**宅地建物取引主任者資格試験**(**後の宅地建物取引士資格試験**)を受験することになった。「今年までの宅建試験は条文持ち込みありで、来年からはなし。ラストチャンスだ」と言っていたのを思い出す。私は、「おっちゃん、宅建っていいの?」と聞くと、「**地価上昇で、儲かるでぇ**。たとえば、他人の1、000万円の土地を売る世話をしたら、**1、000万円×3%+6万円=36万円**ももらえるんや。1億円の土地なら、いくらもらえるか計算してみなさい」

「10、000万円×3%+6万円=306万円」

「そうや。儲かったら、不二家のペコちゃんケーキを買うたる」と約束してくれたのだ。

なお、宅地建物取引業を開業するには、前もって**国土交通大臣または知事の免許**を受ける必要があり、さらに金銭的トラブルによって被害にあった顧客に弁償するための原資として、営業保証金または弁済業務保証金分担金を支払う必要がある。「支払いましたよ」という届**出をして営業開始**ができる。

国家試験にチャレンジ！⑨（宅地建物取引士試験・1980年・一部改題）

宅地建物取引業を営もうとする者がその事業を開始できる時期に関する次の記述のうち、正しいものはどれか。

1　事務所に専任の宅地建物取引士を置いたとき
2　宅地建物取引業免許証の交付通知を受けたとき
3　最寄りの供託所に営業保証金の供託を行ったとき
4　営業保証金を供託し、その旨の記載のある供託書の写しを免許を受けた国土交通大臣又は都道府県知事に届け出たとき

正解は、4である。

19. 宅地建物取引業とは

宅地建物取引業は、下記の8種類である。**自分の**宅地建物を他人に貸借する、**アパートの**

大家さんや土地の地主さんは宅地建物取引業に該当しないので、**免許は不要**である。

また、宅地建物取引業者の中で働く宅地建物取引士は、お客様に物件の**説明（重要事項の説明）**を、**記名**した重要事項説明書（**35条書面**）を交付して行い、お客様は気に入ったら**売買契約や賃貸借契約**をする。契約したら遅滞なく、契約書（**37条書面**）に**記名**する。なお、宅地建物取引業法は、田中角栄等が1952年の通常国会に提出し、その後、議員立法として成立した。

図表1－3　宅地建物取引業

	宅地建物の売買	宅地建物の交換	宅地建物の貸借
自分の宅地建物を売買・交換する	宅地建物取引業	宅地建物取引業	**宅地建物取引業ではナイ！**
他人の宅地建物を**代理**して行う	宅地建物取引業	宅地建物取引業	宅地建物取引業
他人の宅地建物を**媒介**して行う	宅地建物取引業	宅地建物取引業	宅地建物取引業

国家試験にチャレンジ！⑩（宅地建物取引士試験・1981年）

次に掲げる行為のうち、宅地建物取引業に当たらないものはどれか。ただし、いずれも業として行われているものとする。

1　A建設株式会社が行う建売住宅の売買
2　B不動産株式会社が行うビルの賃貸
3　C商事株式会社が行う建物の貸借の媒介
4　D不動産有限会社が行う宅地の売買

正解は、2である。

国家試験にチャレンジ！⑪（宅地建物取引士試験・1982年）

業として行う次の行為のうち、宅地建物取引業に当たるものはどれか。

1　宅地の賃貸借の代理をする行為
2　宅地の造成の請負をする行為
3　自己所有の建物を賃貸する行為
4　他人所有の宅地又は建物の管理をする行為

正解は、1である。

また、宅地建物取引業界のレベルアップのため、左記の者は、免許を受けることはできない。

(1) 破産者で**復権を得ない**者

(2) **禁錮刑**以上の刑に処せられ、または、**宅地建物取引業法違反や暴力関係で罰金刑**以上の刑に処せられ、刑の執行終了等から**5年**を経過しない者（執行猶予期間が**満了**すると免許が受けられる）

(3) 営業に関し成年者と同一の行為能力を**有しない未成年者**で、その法定代理人が欠格要件に該当する者

(4) **暴力団員**等（暴力団員等でなくなり5年経過すれば免許ＯＫ）

国家試験にチャレンジ！⑫（宅地建物取引士試験・１９８３年・一部改題）

次のうち、宅地建物取引業の免許を受けることができない者はどれか。

1 公職選挙法違反で禁錮1年・執行猶予1年の刑に処せられ、執行猶予期間中の者

2 宅地建物取引業法違反で過料に処せられてから5年を経過しない者

3 営業に関し成年者と同一の行為能力を有する未成年者で、その法定代理人が禁錮以上の刑に処せられ、服役中の者

正解は、1である。

20. 宅地建物取引業者と宅地建物取引士

宅地建物取引業者（real estate broker・以下、「宅建業者」という）とは、**免許**（license）**を受けて宅地建物取引業を営む者**で、三井不動産や大和ハウス工業は宅建業者である。また、**宅地建物取引士**とは、宅地建物取引士証の交付を受けた者である。

宅建業者の**報酬**（reward）計算をもう少し詳しく示そう。たとえば、他人の1、000万円の土地を売るお手伝いをすれば、

1、000万円 × 3% ＋ 6万円 ＝ 36万円

を、売主・買主それぞれから貰える（最大で72万円）。さらに、その宅地建物取引業者が消費税課税事業者なら、報酬に消費税10%上乗せで貰える。すなわち、**72万円 × 1・1 ＝ 79・2万円**。なお、**土地は消費税が課されない**。

国家試験にチャレンジ！⑬（宅地建物取引士試験・2009年・一部改題）

宅地建物取引業者A（消費税課税事業者）が売主B（消費税課税事業者）からB所有の土地付建物の媒介依頼を受け、買主Cとの間で売買契約を成立させた場合、AがBから受領できる報酬の上限は、次のうちどれか。なお、土地付建物の代金は6、400万円（うち、土地代金は4、200万円）で、消費税額及び地方消費税額を含むものとする。

1　192万円　**2**　198万円　**3**　211・2万円　**4**　217・8万円

【解答への道】

土地付建物6、400万円－土地4、200万円＝建物2、200万円

2、200万円は消費税込みだから、2、200万円÷1・1＝2、000万円

土地付建物の消費税抜代金は、4、200万円＋2、000万円＝6、200万円

∴6、200万円×3％＋6万円＝192万円　192万円×1・1＝211・2万円　正解は、3である。

21．幼なじみの結婚

高校1年の夏、幼稚園・小学校時代に家族ぐるみの付き合いがあったレイちゃんが結婚し

たという話を聞いた。まだ16歳である。びっくりして百科事典で未成年者を調べると、「**20歳未満が未成年者**」「**男は18、女は16で結婚できる**」「**15歳で遺言ができる**」等の民法の規定が載っていた（現在は、男女とも18歳にならないと結婚できない）。

国家試験にチャレンジ！⑭（宅地建物取引士試験・1999年・一部改題）

> 次の記述のうち、民法の規定によれば、正しいものはどれか。
>
> 1　年齢20歳に達した者は、成年者とされる。
> 2　15歳に達した者は、父母の同意を得て、婚姻することができる。
> 3　未成年者が婚姻をしたときは、成年に達したものとみなされる。
> 4　15歳に達した者は、父母の同意を得なくても、遺言をすることができる。

正解は、4である。

22．京都ではんなり浪人生活

大学受験に失敗した私は、**京都駿台予備校**に入学し、京都は北山のアパートに下宿した。泉亭学生寮といい、4畳半一間で**家賃1・1万円・敷金**（security deposit）**3万円・礼金**

(right money) **5万円の1年契約**であった。敷金とは、入居時に大家さんに預け、**アパートを明け渡した後に戻ってくる金**であるが、部屋の中を汚したり、壊した場合は、清掃代・修繕費を差し引かれた残金だけ戻る場合もある。「原状回復をめぐるトラブルとガイドライン」では、テレビ・冷蔵庫等の後部壁面の黒ズミや壁等の画鋲の穴は貸主の費用負担で直し、壁等のくぎ穴・ネジ穴は借主の費用負担で直す等が規定されている。すなわち、ポスターを貼るときは、画鋲やピンですることが大切である。礼金は、大家さんにあげるものである。**礼金の由来**は、戦争や大地震で住宅を失った人々が、住宅を提供してくれた人に、**御礼として金を包んだ**というのが、有力説である。さて、住んでみてびっくりしたのは、畳の広いこと。図ってみると、1畳1・83㎡もあった。聞くと、**京間**だという。次に住んだ京都御所の近くの部屋の畳はさらに広く、1・95㎡もあった（**御所間**）。当時の東京の畳は、約1・55㎡であった（**江戸間**）。このように、畳の大きさは地域によって大きく異なるので、今は、**1・62㎡以上**でないと、1畳と表示できなくなっている。なお、賃貸借契約や売買契約は、**意思の合致で成立**し、契約書の作成は契約の成立とは関係がない。

周辺の主たる土地の用途は、田んぼ、チューリップ等のお花畑であった。そして、きれいな水が流れる小川、欧米の人々が行き交う小道、教会の鐘の音……。初夏には、蛍が飛び交い、私の部屋の中にまで飛んできたのである。安アパートのため、窓に**網戸**がなかった。感動の蛍の季節が終わると、蚊に悩まされた。私は、**大家さんの同意**を得て、**自費で網戸**（**造**(ぞう)

作（さく）をつけた（アパートを出る際に**造作買取請求ができる**）。

23. 農地について

以上のように、私は、駿台時代の1年目は農地の中で暮らしたのであるが、**農地法**によると、農地とは耕作の用に供される土地と規定され、農地に該当するか否かは、判例等では、現況で判断され、**地目は関係ない**としている。地目とは、その土地が何に利用されているかを示す**不動産登記法**上の用語であり、田・畑・宅地・山林・原野・用悪水路等がある。たとえ、地目が山林であっても、実際はお芋さんを栽培しているのなら農地に該当するのである。具体的には、田んぼ・畑・果樹園が農地の代表例である。

農地法の目的は、**日本の農業生産力を守る**ことである。したがって、農地を勝手に売ったり貸したりすることを禁じている。許可が必要となる。なぜならば、きちんと手入れをしないとすぐに質が低下するからである。ただ、農地を**抵当に入れて借金**をすることは許可ナシにできる。抵当権の設定は、使用収益権が他人に移転しないからである。

国家試験にチャレンジ！⑮（不動産鑑定士試験・1975年）

農地について権利を設定し、又は移転する場合には、農地法第3条第1項又は第5条第1項の規定による許可を要するが、次に掲げる権利のうち、その設定又は移転につき許可を要しない権利はどれか。

1　所有権　　3　質　権　　5　使用貸借による権利
2　地上権　　4　抵当権

正解は、4である。

24．充実した大学生活

私は、駿台予備校で2年間も浪人をしたが、第1志望校にも第2志望校にも第3志望校にも第4志望校にも合格できず、結局、関西大学に入学した。駿台模試で私より成績が下だった友人が、日本を代表するような一流大学に続々と合格しているのを横目に、悔しいを通り越して死にたい気分であった。今でも、あの時の悔しさを忘れることができず、京都大（文）や東京外大（外）の合格確実圏に入っている駿台模試の成績表を捨てずに持っている。その成績表を見ることで奮起し、幾多の逆境を乗り越えてきた。

大学入試は、「私の人生の岐路・第1弾」であった。ただ、入学してみると、関西大学は実にいい大学であった。先生方はもちろん、良き先輩同輩後輩に恵まれ、学食は安くて美味いし、返済不要の奨学金をもらったり……いいことだらけのキャンパス・ライフであった。上野千鶴子先生の授業を受け、大学教員の魅力を感じた。現在、希望の職業に就いているのは、この大学に入学したお陰である。

私が人生で初めてアルバイトをしたのは、1979年、大学1年の夏休み、「近鉄バファローズ前期優勝セール」であった。近鉄百貨店本店まで通うこととなった。近鉄では、いろんなことを教えていただいた。ネクタイの結び方・挨拶のしかた・包装のしかた・領収証の書き方、**3万円（現在は5万円）以上の領収証には収入印紙を貼って消印しなければならないとか**……。

この年の近鉄バファローズは強く、日本シリーズに進出した。相手は、広島カープである。私は野球が大好きなので、近鉄のえらいさんからチケットをいただき、11月4日、大阪球場に第7戦を応援に行った。しかしながら、バファローズに立ちはだかったのは、あの「江夏の21球」であった。大阪球場や甲子園球場のことを都市計画法では、**特定工作物**という。

濃尾地震が耐震構造研究の発端となったが、**宮城県沖地震**（1978年）で建築物に大きな被害が出たため、**1981年（昭和56年）に、新耐震基準が導入**された。この基準は、**大地震が発生しても倒壊しない、という強力な基準**である。

また、大学1年時の秋からは、国鉄（現・JR）吹田駅前の大阪経理学院で簿記の講師を始めた。私の教師デビューである。授業・部活・資格の取得・旅行・テニス・スキー…恵まれた大学生活であった。

25. 阪急電車の中で見たポスター

「不正乗車をされた方は、通常の乗車賃の3倍の料金をいただきます」という内容だ。これは**損害賠償額の予定**と言われ、実際の損害額にかかわらず、予定額で賠償する。不正乗車は、民法上、**債務不履行**（default）という。債務不履行をした者は**ケシカラン人間**なので、相手方（この場合は阪急電車）は**損害賠償請求**（claim for damages）ができる。損害賠償は、別段の意思表示がないときは、**金銭**で賠償する。

また、金銭債務（借金）は損害の証明を要しない。

国家試験にチャレンジ！⑯（宅地建物取引士試験・1990年・一部改題）

債務不履行による損害賠償に関する次の記述のうち、民法の規定によれば、誤っているものはどれか。

1　金銭債務の不履行については、債権者は損害の証明をすることなく、損害賠償の請求をすることができる。
2　損害賠償の予定は、契約と同時にしなければならない。
3　損害賠償の予定は、金銭以外のものをもってすることができる。
4　損害賠償の予定をした場合、債権者は、実際の損害額が予定額より大きいことを証明しても、予定額を超えて請求することができない。

正解は、2である。

26. 就職活動と大学院

就職活動は困難をきわめたが、1982年9月に、大手銀行甲と大手証券会社乙に内々定した。また、大学院にも合格した。どれを選択するか迷った。大手銀行・証券会社は給料がいい。他方、その当時の文系大学院は定員が少なく、合格者は1学年たった3名であるという恵まれた環境であった。自分で決めることができず、甲銀行の人事の方に相談すると、「そら、大学院のほうがええわ。大学教授になれる可能性があるし」というお言葉。就活は、

「私の人生の岐路・第2弾」である。

大学院入学にあたって、両親から「授業料は出してやるが、生活費は奨学金とアルバイトで工面しなさい」と言われた。そこで、家賃3万円の吹田市内の文化住宅から家賃1・4万円の豊中市内のアパートに引っ越し、家庭教師と大学生協書籍部のアルバイトをした。

私が大学院に進んだ理由は、**公認会計士**を目指すためであった。他の院生は優秀で、1年先輩から2名、1年後輩から1名の在学中合格者が出た。アメリカからの女性留学生（米国公認会計士取得者）の方がおられ、資格のことを伺うと、「公認会計士もいいけど、これから伸びるのは不動産関係だと思う。アメリカでは、今、**ロナルド・レーガン大統領**の経済政策による景況感回復を背景に、**ドナルド・トランプ**という人が大成功していて、**不動産王**と呼ばれているのよ。彼は、**ペンシルベニア大学ウォートン・スクールで不動産学を学び、経済学士**を取得しているわ。**不動産学**という学問は、日本にとって重要だと思うの」という貴重なアドバイスを得た。

27．TACに入社・そして阪神日本一

1985年は、「私の人生の岐路・第3弾」となる年である。

この年の3月に、私は大学院を修了した。大学の専任講師の職がなく、「あの時、大手銀

行に就職しておけばよかった」という後悔の日々であった。そして、当時はほとんど無名のＴＡＣ株式会社に入社した。「ＴＡＣ」というと、一般的にウルトラマンAに登場した地球防衛チーム「Terrible-Monster Attacking Crew（超獣攻撃隊）」を指すが、私が入社したのは「資格の学校・ＴＡＣ」である。

ＴＡＣでは、日商簿記検定講座専任講師となった。この年、わが阪神タイガースは、4月17日の甲子園における対巨人戦で、槙原投手に対しバース・掛布・岡田3選手のバックスクリーン3連発が飛び出し、4月を終了した時点で9勝3敗1分とロケット・スタートに成功した。前年の優勝チームである広島カープに首位を奪われたが、5月22日に7点差をひっくり返して勝利し、阪神も意地をみせていた。そして、夏場に訪れる「死のロード」である8月に6連敗。「やっぱり、今年もダメか……」と思ったが、9月に入り再び勢いを増し、10月16日のヤクルト戦でリーグ優勝し、日本シリーズでは当時史上最強と言われた西武ライオンズを4勝2敗で下し、11月2日に日本一になった。

28. 阪神優勝・プラザ合意・地価上昇

住友信託銀行が阪神日本一の経済効果を４００億円と算出して話題となった１９８５年。それは、**「3つのスタート」**の年であった。

⑴**プラザ合意**（**円高のスタート**）、⑵**地価上昇**（**バブルのスタート**）および⑶**ソ連・ゴルバチョフの席巻**（**冷戦終結のスタート**）であった。

財政赤字および貿易赤字という**双子の赤字**（twin deficit）に苦しむアメリカの救済策として、**ドル安・円高に誘導するプラザ合意**（**国際政策協調**）がなされた。アメリカの財政支出削減とドル安による輸出増大の反面、急激な円高（235円→1年後150円）が日本経済を直撃し、**円高不況**に見舞われた。そこで、日本銀行は**公定歩合を引き下げる金融緩和**に乗り出し、大量の資金が市中にあふれた。この政策が株式や不動産価格高騰に拍車をかけた。

そして、地価高騰および経済成長に従い、企業研修等の仕事激増による過労で肝臓障害を起こし、私はいったんTACを辞めることになる。

高校や大学の同級生はバリバリ働いているというのに、私は病院通いの日々である。自分の運の無さにあきれ果てた。しかし、落ち込んでばかりではいられない。巨人に比べ大きく戦力が劣る阪神の優勝、そして日本一は、「世の中、強い者が勝つとはかぎらない。弱い者でも努力し、仲間と一丸となってがんばれば成功できる」ということを教えてくれた。

29．大阪・北新地

健康を取り戻した後、私は北新地にある大阪ビジネスカレッジ専門学校および十三（じゅうそう）にある大阪情報経理専門学校に簿記・税務会計の講師として勤めることになる。ある日、大学院の先輩から運命のアドバイスを得た。「相川君、これからは不動産の時代や。狂乱地価の好景気の幕開けや。不動産の知識があるかどうかで人生が天と地との差ほど変わる。宅建を取ろうぜ！　世間の人間はまだ宅建がこれからブレイクすることに気づいていない。ブームになってからでは遅い!!　機は熟したのだ」と。これが、「**私の人生の岐路・第4弾**」である。

そして、私は、**1987年10月18日の宅地建物取引主任者資格試験を受験し、合格**した。そして、翌19日はとんでもない日になった。ニューヨーク証券取引所のダウ30平均の終値が前週末より508ドルも下がり（下落率22・6％）、**世界恐慌**の引き金となった。これが、**ブラックマンデー**であり、1929年の**ブラックサーズデー**の下落率12・8％を大きく上回った。日経平均は3836・48円安の過去最大の暴落であった。世の中の景気に暗雲が立ちこめてきた。当時、私は貧しかった。付き合っていた9歳年下の彼女（20歳）より年収が低かった。そのため、日本バーテンダー協会大阪北支部所属のクラブのオーナーの方々には、クラブ内のカウンター越しに宅建の講義をさせていただいたり、高級な食事をご馳走になった。そして、「がんばれ！」と励まして下さった。大阪・夜の北新地から、私は復活の狼煙（のろし）を上げたのだ。

30．宅地建物取引業法大改正

日本初の屋根付き球場である**東京ドーム**が落成した1988年、宅建業法が大きく改正された。もともと宅建業者の事務所には1名の専任の宅地建物取引主任者がいればよかったのだが、1980年の改正で従業者10名につき1名以上必要となり、さらにこの年に**5名につき1名以上必要**となった。

宅地建物取引業者の事務所には、**従業者5名につき1名以上**の専任の**宅地建物取引士**を雇わないといけない。宅地建物取引士資格が就職に有利と言われる所以である。

注

（注1）不動産鑑定士に関しては、『こんなにおもしろい不動産鑑定士の仕事』（大島大容著・中央経済社・2015年）が実にわかりやすく、自信を持って推薦できる書籍である。

（注2）これに関しては、『「エコノミック・アニマル」は褒め言葉だった』（多賀敏行著・新潮社・2004年）を参照していただきたい。

（注3）出版した『日本列島改造論』（日刊工業新聞社・1972年）は90万冊以上を売り上げ、年間売上ランキング第4位となった。

第2章　不動産学超入門（平成・令和編）

1．昭和から平成時代へ

1989年1月に**平成に改元**され、4月より**消費税が導入**された。

バブル経済に伴う地価高騰は、国民の住宅取得を困難とし、社会資本の整備に支障を及ぼすとともに、土地を持つ者と持たざる者との**資産格差を拡大**させ、社会的不公平感を増大させるなど、わが国の社会・経済に重大な問題を引き起こした。櫻川昌哉慶應義塾大学教授（専門分野・国際金融論、マクロ経済学）によると、「利子率が成長率を下回るとき、バブルが必然化する」という。(注1) そういう時代背景に対応して、1990年に**土地基本法**が制定された。大蔵省（当時）が**不動産融資の総量規制**を発動したことで、その後の不動産・株式の価格暴落を招くことになった。また、**地価税**が導入された。

土地基本法では、左記のような「**土地についての基本理念**」が定められた（2020年に改正）。

（1）土地については公共の福祉を優先する。

（2）適正な利用または管理される。

（3）土地は円滑に取引されるものとする。

（4）価値の増加に伴う利益に応じた適切な負担が求められる。

国家試験にチャレンジ！⑰（不動産鑑定士試験・1994年・一部改題）

土地基本法において土地についての基本理念として掲げられていないものは次のうちどれか。

1 土地についての公共の福祉優先

2 適正な利用及び管理等

3 円滑な取引等

4 土地の利用の自由

5 価値の増加に伴う利益に応じた適正な負担

正解は、4である。

2．バブルの絶頂期

1990年の日本の名目GDP世界シェアは、アメリカに次いで2位（13.7％）に躍進した。しかしながら、高度経済成長・人口増加の過程で、**大都市圏の住民は深刻な住宅不足に苦しんだ**。さらに、地価高騰がそれに追い打ちをかけた。地価が高騰すると、当然、**固定資産税や相続税が上がる**。そこで、東京都心に**栗畑**や**田んぼ**を作るという、ケシカラン輩が出現した。**農地は税金が安い**からである。政府は、**市街化区域内農地の宅地並み課税**を開始するとともに、1991年に**生産緑地法を改正**した。「**1991年から30年間農業を営むのであれば、宅地並み課税の免除や相続税の納税猶予を認めてやる**」という趣旨であった。

「**30年営農というシビアな条件**」➡「**農業をあきらめさせる**」➡「**農地から宅地への転用促進**」を目指したのである。

発想としてはよかったが、これが30年後、政府の首を絞めることになろうとは……。

狂乱地価・好景気・新設住宅着工戸数180万戸・宅建試験申込者42万・高級クラブ大流行・接待攻勢・賃金上昇。私の会社の社員旅行先は、香港（1989年）・グアム（1990年）・シンガポール（1991年）・ケアンズ（1992年）であった。そして、バブル崩壊。

3. 用途地域

1992年に**都市計画法及び建築基準法の一部を改正する法律**が施行された。用途地域が、**8種類から12種類に増加した**（現在は、**13種類**になっている。次ページ参照）。

4. 阪神大震災とQちゃん

1995年1月16日、私は東京で授業をしていた。仕事の合間に見たテレビでは都道府県対抗全国女子駅伝が放送され、岐阜県代表の高橋尚子選手（のちのQちゃん）の走りが印象的で、ファンになった。東京駅で夕刊デイリースポーツを買い、新幹線の中で駅伝の記事を何度も読んだ。もうすぐ自分の運命を変えることが起きるとは知らずに。下車した新神戸駅のホームから不気味な赤い月が見え、浜からゴォ……という地鳴りが聞こえてきた。

翌1月17日午前5時46分、激しい縦揺れで白い天井が目の前に迫り、次に、横揺れが発生した。揺れるごとに、窓のサッシがバキッ！　バキッ！　と折れ、死を覚悟した。後頭部を強打したため、意識が薄らいできたところ、「早く避難しなきゃあ、死んじゃうよ！」と、1階下に住む中国人女性・曹さんに助けられ、近くの小学校に避難した。ガス爆発発生によ

図表2－1　用途地域(注2)

住居系

①第一種低層住居専用地域
低層住宅に係る良好な住居の環境を保護するための地域です。芦屋や田園調布が代表例。

②第二種低層住居専用地域
主として低層住宅に係る良好な住居の環境を保護するための地域です。

③第一種中高層住居専用地域
中高層住宅に係る良好な住居の環境を保護するための地域です。500㎡までの一定の店舗や**病院**，**大学**等が建てられます。

④第二種中高層住居専用地域
主として中高層住宅に係る良好な住居の環境を保護するための地域です。1,500㎡までの一定の店舗等が建てられます。

⑤第一種住居地域
住居の環境を保護するための地域です。3,000㎡までの店舗や事務所，ホテル等が建てられます。

⑥第二種住居地域
主として住居の環境を保護するための地域です。**ぱちんこ屋**や**カラオケボックス**等が建てられます。少しニギヤカな住宅街です。

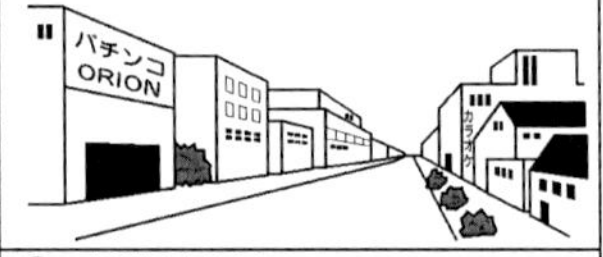

⑦準住居地域
道路の沿道としての地域の特性にふさわしい業務（ex.駐車場）の利便の増進を図りつつこれと調和した住居の環境を保護するための地域です。

⑧田園住居地域
農業の利便の増進を図りつつ，これと調和した低層住宅に係る良好な住居の環境を保護するために定める地域です。

商業系

⑨近隣商業地域

近隣の住宅地の住民に対する**日用品**の供給を行う商業等のための地域です。衣類・食料品を売っているような**下町の市場**周辺が代表例。

⑩商業地域

主として商業の利便を増進させる地域です。商業施設等が建てられます。この道路は，**フラワーロード**と呼ばれ，右に見えるのが，**ポートタワー**です。

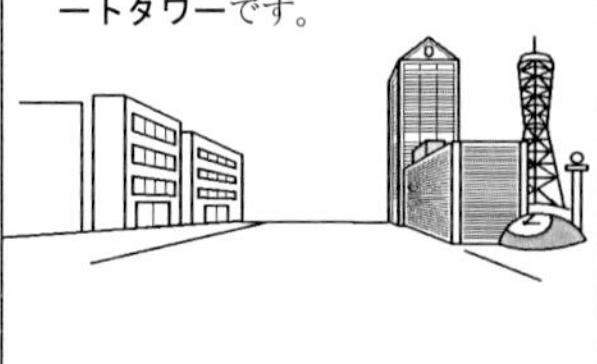

工業系

⑪準工業地域

主として，**環境の悪化をもたらすおそれのない工業**（ex. 小さな家内工業）の利便を増進させる地域です。

⑫工業地域

主として工業の利便を増進させるために定める地域です。**住宅**は建てられますが，学校やホテル等は建てられません。

⑬工業専用地域

工業の利便を増進させるために定める地域です。**住宅は建てられません。**だって，空気が悪いんだもん。

る**火災・**信号停電による交通事故・**電信柱倒壊による避難経路断絶**。その日より、私は、約2カ月間避難所（またはホームレス）生活を送った（朝のNHKドラマから流れる主題歌「春よ来い！」（ユーミン）にはどれだけ励まされたことか）。夜が明け、火災現場に行くと、**鉄骨造の家の柱がグニャグニャに曲がっていた。鉄は地震には強いが、火には強くない。**

被災経験を踏まえ、**減災**という発想が生まれた。**地震等の災害で建物がある程度壊れるのは仕方ないが、人の命は助かるように**という考えである。代表例は左記のとおり。

(1) 木造建築物は、**モルタル塗り**（水と砂とセメントをまぜてつくる・耐火性向上）・**乾燥した木材使用**（耐久性向上）・**屋根を軽くし筋交いを入れる**（耐震性向上）。

(2) 鉄骨造建物は、**耐火材料で被覆**（耐火性向上）・**防錆**（せい）**処理**（耐久性向上）をする。

なお、鉄は火に強くないので、コンクリートをかぶせる鉄筋コンクリート造や鉄骨鉄筋コンクリート造が考案されたと言われている。

大阪にある勤務先に出勤するには、JR・阪急・阪神が一部区間しか動いておらず、乗り継ぎの途中にあった弓弦羽（ゆずるは）神社には、毎回参詣した。

国家試験にチャレンジ！⑱（宅地建物取引士試験・1976年）

鉄骨構造に関する次の記述のうち、誤っているものはどれか。

1 粘り強いから耐震性が高い。
2 講堂、工場等大張間構造の建築物に適した構造である。
3 不燃構造であり、耐火性が高い。
4 骨組の形成としては、おもにトラス、ラーメン、アーチの形式が用いられる。

正解は、3である。

5. 消費税率5%に引き上げ→大不況

1997年4月、**橋本龍太郎首相**の下、消費税率が3%から5%に引き上げられた。また、7月、**アジア通貨危機**があった。

この年の10月に、「**私の人生の岐路・第5弾**」があった。大阪学院大学から非常勤講師の依頼があったのである（それを契機として、その後、立命館大学・同志社大学・愛知工業大学・甲南大学・大阪国際大学の非常勤講師も勤めることになる）。翌11月、**三洋証券・北海道拓殖銀行が破綻、山一證券が自主廃業**という未曽有の金融危機となった。

景気はみるみる悪化し、さらに金融機関の破綻続出が予想されたため、政府は１９９８年1月に**不良債権**の総額は76兆円にのぼると発表し、３月に21の銀行に1兆8千億円の**公的資金を注入**、翌１９９９年3月に15の銀行に7兆5千億円の公的資金を注入した。**就職超氷河期の到来**である（本来、就職氷河期とは、１９９３〜２００５年を指すが、２０００年の大卒の求人倍率が0・99と、１９９０年以降、唯一１を割っており、あえて、就職超氷河期と表現した）。１９９９年7の月というと、ノストラダムスの大予言で人類が滅亡すると言われていた。予言が外れたことが世紀末の不幸中の幸いであった。

幸い、貧しかった（宅建合格前の年収は２００万円未満）私は、宅建試験に合格して仕事が増え、宅建合格前と比較し、「所得倍増計画」ならぬ「所得5倍増計画」を達成した。生活が安定した私を誰よりも喜んでくれたのは母であった。早くに父を亡くし、唯一の家族である母を喜ばし、わずかながら親孝行ができたのは、「１００％宅建資格のおかげ」である。就職超氷河期当時でも、宅建資格があれば、少なくともきちんとした会社に正社員として就職できることを、多くの方々の就職活動を考察して強く確信した。私は、大学院で、清水宗一教授の下、「資産会計論」「資産評価論」を研究したが、この時に、「よし、女性米国公認会計士の方のお薦めの不動産学を本格的に研究しよう！　これは、素晴らしい実学だ」と、決心した。２００1年3月、政府は、戦後初めて「日本経済は**デフレ**（deflation）にある」と認めた。**物価下落➡企業収益低下➡給料減少➡国民貧困**というデフレ・スパイラルが発生した。増税前は**自殺者**が2万人台だったのが、1998年以降**3万人**台に一気に増加した（警察庁自殺統計原票データより）。

6．鰻丼と野菜パワー

大阪学院大学での初授業の日、昼食は**庄平うどん**で景気づけに、1番高いメニュー（とは言え、正味鰻1尾入り、たった850円）を注文した。

「鰻丼、一丁！」（**申込み**）と私が言うと、「ハイよ！」（**承諾**）と大将の威勢よい返事。**申込みと承諾という意思の合致で、「契約（contract）」は成立**する。**契約書の作成は不要**である。これは、**不動産でも同様**だ。また、売買契約以外の多くの契約でも意思の合致で成立する。こういう契約を、**諾成契約**という。ただ、不動産売買は金額が大きく、後々のトラブル防止のため、契約成立後に契約書を作成する。契約書には**収入印紙を貼って消印**するが、収入印紙代は**契約の費用**と言われ、特約がなければ**売主・買主が等しい割合で払う**（実務では通常買主が払う）。また、**宝来食堂**では野菜タップリの定食を食べる。

国家試験にチャレンジ！⑲（宅地建物取引士試験・1981年・一部改題）

不動産の売買契約に関する次の記述のうち、民法上、誤っているものはどれか。

1 売買契約は、書面によらなければ成立しない。

2 売買契約に関する費用は、双方が等しい割合で負担する。

3 売買契約は、申込みと承諾によって成立する。

4 売買契約と同時に買戻しの特約をしたが、買戻しの期間を定めなかった場合、5年以内に限ってすることができる。

正解は、1である。

21世紀に入っても景気は好転せず、金融業界の再編・合併が頻発した。

2002年、高橋尚子さんの大ファンだった母は、高橋さんが金メダルを取った翌々年に帰らぬ人となった。

7．リーマンショック

2008年9月に、**アメリカの投資銀行リーマン・ブラザーズ**が経営破綻した。その影響で、世界中で株価暴落が起き、世界同時不況になった。リーマン・ブラザーズは、1850

年にリーマン3兄弟によって設立された、アメリカで当時第4位の大手投資銀行であった。このような大企業が倒産する背景には何があったのか。

その前に、一般的な住宅取得の方法を説明する。頭金に加え、**購入した住宅を抵当に入れて住宅ローン（借金）を借りる**のであるが、年齢、年収、および勤め先の勤続年数等に関して審査がある。すなわち、ある程度の年収がないとお金を借りることができないのである。しかしながら、**サブプライムローン**は、低年収の人でも借りることができた。そして、**返済不能**となったのである。リーマン・ブラザーズには世界中の人々が投資をしていた。不況が世界中に伝播していった。わが国は、翌2008年10月に**日経平均7000円割れ、新設住宅着工戸数は初の100万割れ（2021年は約86万）**となった。しかしながら、不景気の時は、生き延びるために頭を働かせムダを減らし、**労働生産性を向上**させる。その後、好景気になったときに、以前以上に成長しているものである。**「ピンチはチャンス」**ととらえることが重要である。

8. 理想のマンションとの出会い

私が住宅を購入する際、絶対にゆずることのできない希望条件は、次の10であった。

(1) 海が見える。
(2) 新築である。

(3) 埋立地ではない。
(4) 夜景がきれいである。
(5) 鉄道の路線が3つ以上ある。
(6) 南向きで真冬でも室内が温かい。
(7) 都心まで歩いて行くことができる。
(8) 前面道路の電信柱が地中化されている。
(9) 駅まで徒歩3~5分程度の距離にある。
(10) 南側の敷地に広い空地や駐車場がない。

100以上の一戸建住宅やマンションのモデルルームを訪ねたが、右記条件を満たす住宅は見つからなかった。しかしながら、住宅に関しては、職業上、妥協はできないので、とりあえず、賃貸住宅に住み、住宅の研究をすることにした。私が今まで住んだ賃貸住宅（含：ウィークリーマンション）は31戸（京都市・吹田市・豊中市・大阪市・神戸市・名古屋市・東京都千代田区および世田谷区・福岡市）で、いろんな都市のさまざまな住宅に住み、都市および住宅の知識を吸収した。私の賃貸住宅生活は33年間に及び、支払家賃総額は4,500万円に達したが、大学で講義するための知識料と考えれば、決して無駄ではなかった。

2007年に、条件を満たすマンションとの運命の出会いがあった。

新築タワーマンション
海の夜景がきれい
2LDK（リビング・ダイニング・キッチン）
駅まで徒歩3分（80mにつき1分のため、約240m）
地盤安定・南向き・82㎡
4つの鉄道路線の駅まですぐ・都心まで歩いて10～15分、その他

10月に販売開始されたが、世の中不況だし、どうせ売れ行きは良くないだろうと油断し、モデルルームに行ったのは、翌2008年3月であった。驚いたことに、160戸中たった10戸しか売れ残っていなかった。キャンセル待ちの後、いい部屋が出た。営業担当の方が、「このマンションは超人気なので、抽選になります」と言われて、愕然とした。実際にモデルルームに来ていた人の話では、「山側を買うのは簡単だけど、夜景がきれいな海側の部屋は価格が高いうえ、抽選があって、大変よ」とのことであった。数日後「あさってまでに**手付金**として1、000万円を振り込んでいただけるのなら、抽選をせずに相川さんにお売りいたします」という電話があったので、物件に関する**重要事項の説明**を受けた。そして、マンションの敷地が昔どのような土地であったかをチェックした。図書館等で800年前の地図（清盛さんがいた頃）、500年前の地図（秀吉さんがいた頃）、150年前の地図、そし

て20年前の地図を入手した。８００年前の地図にはマンションの敷地が載っていたので、**埋立地ではない**ことが判明した。５００年前の敷地周辺にはお茶屋さんが多く存在し、秀吉さんがねねを連れて有馬温泉に行く途中に寄ったというエピソードを地元の長老さんからお聞きした。１５０年前の地図では、すでに、**「神戸村」**という地名になっていた（私は、神戸大学大学院人文学研究科地域連携センター主催の「神戸村文書を読む会」を受講した）。20年前の地図では、敷地に宝くじで有名な某銀行が建っていたことも判明した。また、**横溝正史**の実家が近くで、**江戸川乱歩**が東京から訪れ、２人で「元町ぶらり」をして飲み歩いたという実話も残っている。このように、買おうとしている住宅の敷地にかかわってきた人々や産業を調べることにより、埋立地か否か、土壌汚染されていないか、**どのような文化を育んできた土地柄**か、を調べることは大切である。

9．マンション購入

調べれば調べるほど自分にピッタリの住宅および土地だったので、納得して手付金１、０００万円を振り込んだ。売買契約書に**収入印紙3万円を貼り**、**消印**した。これで、**印紙税**を納付したことになる。

私は、自己資金3、０００万円、住宅ローン（借入金）4、０００万円で買うことにした。

そのため、2009年7月、お金を借りる（**金銭消費貸借**）契約をするのであるが、厳格な審査があった。（1）年収・（2）勤務先の経営成績・（3）健康状態……、どれも特に問題がなかったのだが、それ以外のちょっとしたことで**審査に落とされた**のである。聞くところによると、**銀行の融資審査官は、きわめて高度な専門知識と豊富な実務経験を有するエリート**だという。しかも、複数人数で1週間前後かけて審査する。そこで、尊敬する大阪学院大学K教授のアドバイスのもとに、再度銀行（**変動金利**）および住宅金融支援機構のフラット35（**固定金利**）の組合せで再挑戦し、審査を突破した。変動金利は何と0・075％で、一度も変動していない。また、銀行から何千万円も借金する場合、通常、**保証人**が必要で、保証人がいない場合は保証会社に**保証料**を払って保証してもらわないといけない。その保証料の金額を聞くと、80万円前後。冗談じゃない！　**悪徳保証会社が存在する**ので、**フラット35**との組合せにより、**保証人・保証料不要**になる方法を融資担当者に紹介してもらった。

10. 節税対策

マンションの完成が待ち遠しい日々が続いた。2009年に内覧会があり、宿泊先のホテルオークラ神戸では皇太子様（当時）からお声がけをいただいた。契約日から1年6カ月後の2009年9月に完成し、ローン以外の残代金を支払い、部屋の鍵をもらった（**鍵をもら**

う＝**引渡し**とされた）。マンションの所有権の登記および抵当権の設定登記を、**司法書士**に依頼した。**所有権は登記記録の甲区へ、所有権以外の権利**（**代表例は、抵当権**）**は乙区へ記録**する。その際、司法書士への報酬および**登録免許税**（**国に払う登記料**）合計で100万円近くを支払った（権利の登記は司法書士、表示の登記は土地家屋調査士）。

年明けには、**住宅ローン控除**の手続をした。これは、**住宅ローンを組んで家を買うと、10年間にわたって所得税がキャッシュバック**（**年末のローン残高**（**私の場合、約4、000万円**）**×1％**）**されるという超お得な制度**である。2009年度からタイミングよく、太っ腹（？）の**麻生太郎首相**（当時）のお陰で、キャッシュバック額が前年度比**3倍以上**になった。

翌2010年3月に、税務署へ**確定申告**に行った。1カ月後、私の**預金通帳には、約40万円**が振り込まれていた。あの時はうれしかった。この10年間で約290万円も戻ってきた。

住宅ローン控除を受けるには、**1年目は確定申告で、2年目以降は年末調整で処理**される。

2010年4月、神戸市から**固定資産税**の納税通知書が届いた。約40万円を納めた。さらに、兵庫県から10月に「**不動産取得税申告用紙**」が送られてきて、「10月27日までに申告しないと、新築住宅の特例が受けることができません」と書いてあったので、あわてて申告した。計算例で考えよう（なお、税制は毎年のように改正されている）。

〈設例〉 ７、０００万円のマンションを購入した場合の不動産取得税金額は？

(1) 原則 ↓ ７、０００万円×**４％＝２８０万円**

(2) 特例要件を満たすと ↓ （７、０００万円−**１、２００万円**）×**３％＝１７４万円**

と、きちんと申告すれば、**１０６万円も安くなる**のである。

不動産取得税が課税されるのは原則として取得時だけだが、**改築等で価値が増加**する場合にも課される。他方、固定資産税は毎年課されるが、住宅およびその敷地は安くなる制度が多い。故に、**節税の知識**があれば、**税金額は大幅に削減できる。**

図表２−２　不動産と主たる税金との関係

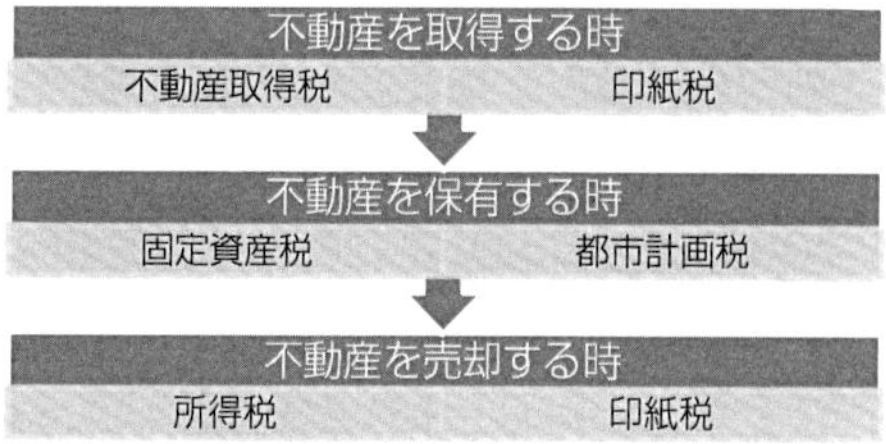

不動産を取得する時	
不動産取得税	印紙税

↓

不動産を保有する時	
固定資産税	都市計画税

↓

不動産を売却する時	
所得税	印紙税

11. 税金と登記

ここで、**税金**（tax）について、もう一度まとめよう。**不動産登記**（real estate registration）とともに、大切な実務である。

なお、**課税標準 × 税率 ＝ 納付税額** が税法の基本である。たとえば、１、０００円の商品を買うと、10％の税率で**消費税**がかかり、われわれは１００円の税金を納付するということである（土地を買う場合は消費税はかからない）。

国家試験にチャレンジ！⑳（宅地建物取引士試験・１９９１年）

不動産登記に関する次の記述のうち、誤っているものはどれか。

1 所有権移転の登記の抹消は、甲区に記録される。
2 抵当権の順位の変更の登記は、乙区に記録される。
3 根抵当権の登記名義人の氏名等の変更の登記は、甲区に記録される。
4 買戻しの特約の登記は、買主の権利取得の付記登記として甲区に記録される。

正解は、３である。

国家試験にチャレンジ！㉑（宅地建物取引士試験・１９９１年）

地方税に関する次の記述のうち、正しいものはどれか。

1 不動産取得税は、不動産の取得に対し、その不動産の所在する市町村において課する税である。
2 固定資産税の徴収は、申告納付の方法による。

3　市町村長は、原則として毎年1月から3月までの間、固定資産課税台帳をその指定する場所において関係者の縦覧に供しなければならない。

4　家屋を改築した場合においても、不動産取得税が課税されることがある。

正解は、4である。

12. 目まぐるしい時代の流れ

２０１１年3月には**東日本大震災**が発生し、10月には1ドル75円台に突入した。２０１２年12月、第2次安倍晋三内閣が発足した。そして、**アベノミクス「3本の矢」⑴大胆な金融政策**（日銀が金利を引き下げて、銀行、企業、個人が金を借りやすくし、設備投資や住宅取得等を促す）・**⑵機動的な財政政策**（金を使わない家計や企業に代わって、政府が公共事業等に金を使う）・**⑶民間投資を喚起する成長戦略**が掲げられた。２０１３年には**東京五輪**が決定した。２０１３年の実質成長率2・6％は、10兆円規模の財政政策の効果といえよう。

２０１４年4月、**消費税率が5％から8％へ引き上げられ、景気が落ち込んだ**が、２０１５年4月に日経平均株価が15年ぶりに2万円の大台に回復し、9月には、**アベノミクス「新3本の矢」⑴希望を生み出す強い経済・⑵夢をつむぐ子育て支援・⑶安心につながる社会保**

障が発表された。

13. ピケティの理論

トマ・ピケティ（THOMAS PIKETTY・1971〜）の理論は、2013年以降、世界を席巻した。上記の単純明快な式で表現される。

ピケティは、その著書『**21世紀の資本**』（注3）の中で、富裕層の持つ不動産や株式を運用して資産が増えるペースのほうが、労働者の給料が経済成長に伴って増えるペースよりも速い、ということが格差が広がる原因であると述べている。ピケティが定義する「**資本**」とは、「土地・建物・株式・国債・銀行預金等」で人的資本は入っていない。不動産のウェイトが高いことがわかる。また、経済成長は、（1）人口増加および（2）1人当たりの産出量増加によるとし、わが国のような経済低成長および人口減少の状況下では、ますます格差が拡大するとしている。特に人口減少は、相続する子が減ることによる1人当たりの資産受継量の拡大が格差を生むという論理である。

r（return）＞ **g**（growth）

r ＝ **資本収益率** ＝ $\dfrac{\text{資本からの収入}}{\text{資本の総価値}}$

g ＝ **経済成長率** ＝ $\dfrac{\text{その年の所得}-\text{前年の所得}}{\text{前年の所得}}$

14. 大阪学院大学准教授

２０１６年４月１日、私は、大阪学院大学経済学部准教授に就任した。「**私の人生の岐路・第6弾**」である。大学院を修了して31年目の春となった。専門分野は、「不動産学」「都市経済論」。そして、４日は、就任後初めての入学式で、私の数メートル横に母が大好きだった高橋尚子特任教授が……。

高橋さんが入学生に挨拶をされている間、「お母ちゃん、きっと天国で喜んでいるだろうな」と思うと、涙がボトボトと滝のように流れ落ちた。「かっこ悪いなあ。泣いているのがばれてしまう」と思った途端、チアリーダー部の迫力ある演技が始まり、私は、その間に涙を乾かしたのである。

15. 相川ゼミナール（不動産学）の船出

２０１７年４月14日、相川ゼミが10名の学生とともにスタートした。
相川ゼミのカリキュラムは、左記のとおりである。

(1) 基礎期〜大学3年4月→10月

1〜2年次の不動産学入門での基礎知識をもとに宅地建物取引士資格試験合格を目指す。

(2) 応用期〜大学3年11月→3月

企業研究をするかたわら、学生諸君が各自研究したい課題を決定し、中間発表する。

(3) 完成期〜大学4年4月→3月

就職活動、その後、卒業論文執筆指導

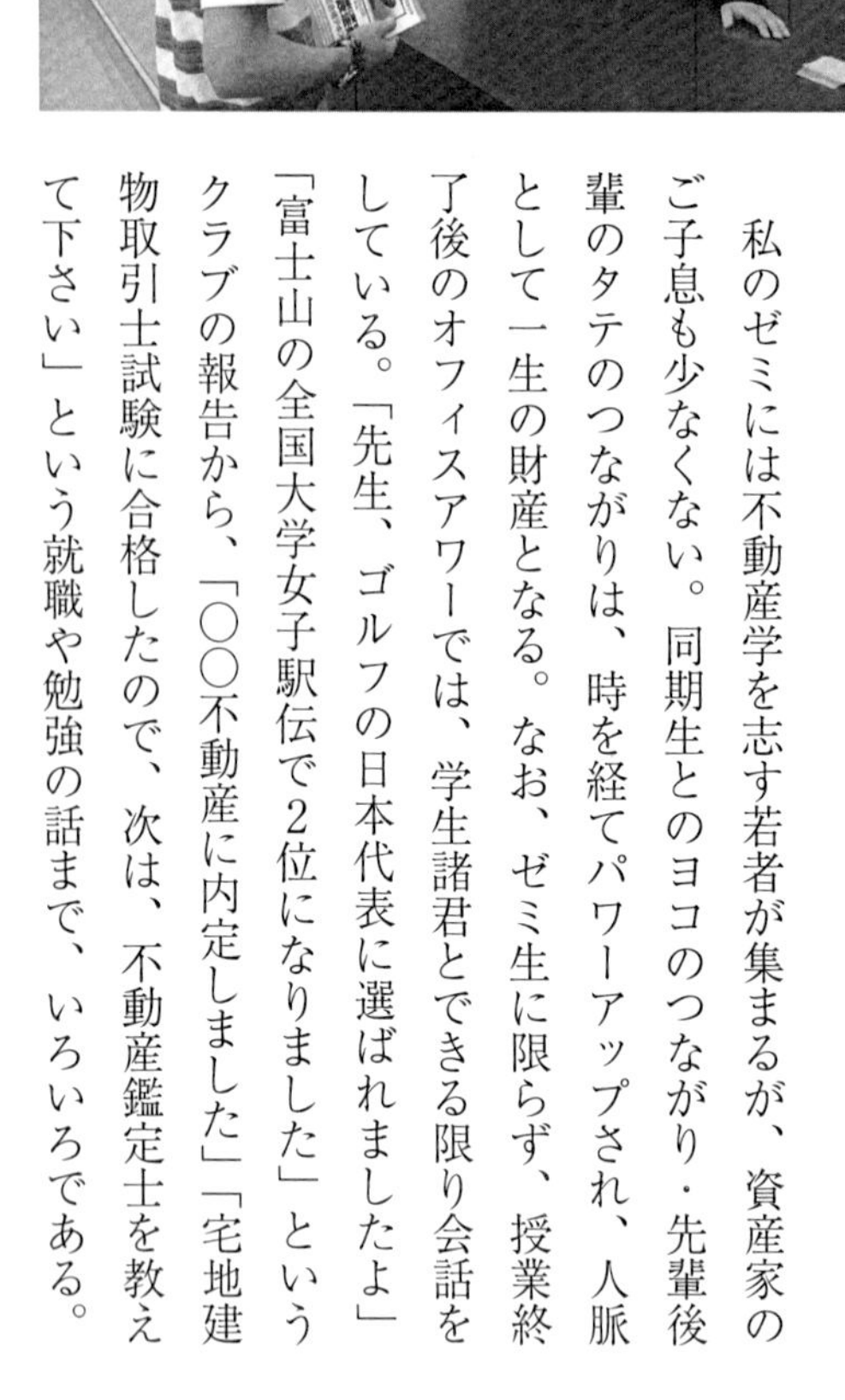

私のゼミには不動産学を志す若者が集まるが、資産家のご子息も少なくない。同期生とのヨコのつながり・先輩後輩のタテのつながりは、時を経てパワーアップされ、人脈として一生の財産となる。なお、ゼミ生に限らず、授業終了後のオフィスアワーでは、学生諸君とできる限り会話をしている。「先生、ゴルフの日本代表に選ばれましたよ」「富士山の全国大学女子駅伝で2位になりました」というクラブの報告から、「○○不動産に内定しました」「宅地建物取引士試験に合格したので、次は、不動産鑑定士を教えて下さい」という就職や勉強の話まで、いろいろである。

16．2022年問題

現代の日本は少子高齢・人口減少社会に突入し、宅地の需要が減少している。そして、**空家・空地問題**が全国の自治体に重くのしかかっている。もはや、**農地を宅地に転用する時代は終わりつつある。**全国の生産緑地は、2017年時点で約1.3万ヘクタール、その8割が2022年に「**30年間の営農義務期間」が終了**した（**2．**参照）。すなわち、宅地化が可能となる。生産緑地地区が一気に宅地化されたら、宅地価格の暴落が起こる可能性が大きい。**あれほど農地を宅地転用したかったのに、今は宅地転用を阻止したい。**20世紀の常識は、21世紀の非常識である。これが、**2022年問題**である。

そこで、政府は先手を打って、2017年2月、「**都市緑地法等の一部を改正する法律案**」を閣議決定した。主な改正骨子は左記のとおり。

① 30年の期限が到来する前に「**特定生産緑地**」の手続をすれば、**引き続き宅地並み課税免除および相続税猶予**が適用される。

② 生産緑地地区内で**農産物直売所・農家レストラン等の設置が可能**

③ **田園住居地域**の創設

田園住居地域が創設されることで、**用途地域が12から13に増加した。**もともと低層住居専用地域だったところが田園住居地域に変更されることが多いが、従来の低層住居専用地域では建築できなかった、**野菜・果物・生花の直売所**やそれらを使った**農家レストラン等**が建築できる。田園地帯にお洒落な喫茶店ができ、**朝採り等採れたての減農薬の野菜果物を使用したスムージー等の地産地消商品が人気**になりつつある。また、市民が参加する**体験農園**としての活用がされている。

また、広大な生産緑地を所有する農家であれば、**1人施行の土地区画整理事業**をして、宅地転用をすることも可能であり、こういう事業を得意とする業者が増えつつある。

17. 東京体育館

2017年夏、私は多忙であった。7月29日に初めての学会発表、その後、宅建士まるかじり講座で首都圏にロードに出たため、10月中旬までに取れた休みは、8月20日のたった1日であった。その日は、わが大学が誇るチアリーダー部のジャパンカップ決勝進出の日なので、東京体育館へ観戦に行った。何と言っても、出場した35名中25名が私の不動産学の授業を受けている。その演技は、まるで特撮のようで、まさに柔道一直線の投げ技のようで感動した。チーム名はフェニックス、そして、主人公・一条直也の必殺技の名も「フェニックス！」。観戦後、横の新国立競技場の工事現場を見に行った。２０１７年の日本の名目ＧＤＰ世界シェアは６・１％で、アメリカ・中国に次ぎ、第3位であった。

18. 土地所有者不明問題

全国で、土地所有者不明問題が深刻化している。**所有者不明土地問題研究会**（座長・増田寛也元総務相）によると、２０１７年現在所有者不明土地の総面積は、約４１０万ヘクタールと推定されるとしている。**相続登記**は強制ではなく**任意**である。法務省は、解決策として、相続登記の義務化・土地所有権放棄制度の創設等に向けた議論を開始した。

19. AI失業問題

２０１７年10月、みずほフィナンシャルグループが、今後10年間で約1万9、０００人分の業務量の削減を検討していることが報道されると、三菱東京ＵＦＪ銀行（現三菱ＵＦＪ銀行）が約9、５００人、三井住友フィナンシャルグループが約4、０００人相当の業務量を減らす方針であることが相次いで報じられた。ＡＩ等の活用や店舗の統廃合によって、**３行合わせて３万人以上の銀行員の仕事が消える**ことになる。これまで、事務的作業はＡＩに代替され、高度知的作業は能力ある人間がする、と考えられてきた。しかし、そうでもないらしい。**高度な知識を駆使し、データを読み込み・分析し、新たな開発・発見をする知的作業こそが、ＡＩの得意分野**であることが判明しつつある。

　ならば、対面作業等の**体力やコミュニケーションを必要とする作業は人間、知的作業はＡＩが担当となる可能性**も否定できない。要は、紆余曲折を繰り返しながら変化するこれからの時代に対応するためには、時代が求めるものを判断し、柔軟に対応できる体制を整えなければならない。私の今の職業だって、将来はロボットが授業をしているかもしれない。人間とロボットに授業を「競演」させて、「どちらの授業がわかりやすいか？」を学生に評価させる時代が来ることは、十分に予想できる。

　銀行業務の中で、高度専門知識を必要とする「**融資審査担当者**」や「**資産運用担当者**」も同様である。今やコンピューターに数値を入力すれば、**ＡＩが融資の可否を判断**できる。また、**顧客所有の現金預金・土地・株式・貴金属、年齢・家族構成等を入力**すれば、顧客にとって**最適な資産運用プランを提案**できる。ただ、ＡＩだって誤作動することがあるので、高度専門知識を持つ者が入力する必要がある。そういう意味では、高度専門知識を有し、かつ、ＰＣに強い人の需要はなくならないであろう。私が一番期待しているのは、**人事評価お**

よび採用面接である。今のように上司が部下を評価するシステムだと、上司に好かれる人が昇進しやすく、仕事ができても一言多い人は閑職に飛ばされる可能性がある。私の友人で、能力があるのに上司に嫌われたために会社を去った人が何人いることか、また、新入社員の採用もしかりである。

20．不動産価格暴落問題

２０３０年には、住宅価格は都心部でも横ばい、郊外は現在より約20～50％も下落すると言われる。人口減少による供給過多が原因である。これに関しては、私は否定しない。ただ、「だから、住宅を購入するのは10年後にしたほうが得である」という意見をいう評論家がいることに違和感を覚える。その考え方は、需要と供給の関係しか考えていない。２０３０年には、**国民負担率**は50％を超える可能性が高い。国民負担率とは、国民所得に対する租税および社会保障負担額の合計の割合である。すなわち、年収１、０００万円の人でも手取り５００万円前後となる可能性があり、購買力が小さくなる。いくら**住宅価格が下がっても、可処分所得が小さくなれば一緒**である。

21. 資産を守るために

せっかく土地建物等の資産を所有しても、未曾有の災害、戦争または経済危機等で蓄えた財産を脅かされることがある。私自身、株式投資で失敗しており、5、800万円の株式を売りそびれ、226万円まで値下がりした苦い経験がある。

資産を防衛するためには、次のことに注意すべきである。

(1) 防災の知識を身につける

2018年は、6月に大阪北部地震、7月に西日本豪雨、8月に記録的酷暑、9月に台風21号および北海道胆振東部地震と大変な年であった。ただ第二室戸台風で強靭化された湾岸のおかげで、大阪市内に浸水しなかったのが不幸中の幸いであった。

(2) 家族の伝統を継承する

空家・所有者不明土地等の問題は、ご先祖さんが残してくれた不動産をないがしろにした結果である。ここはひとつ、親族会議を開き、自分たちのルーツを探り、感謝し、かけがえのないわが家を再確認することによって、問題解決につなげるべきである。

(3) 子供さんの教育を考える

資産、特に、不動産に関し、入門より基礎・応用と段階的にきちんと教えてくれる大学に通わせるべきである。**単に宅地建物取引士資格試験に合格させるだけでは不十分**で、**リベラル・アーツ**に加え、経済学・会計学・民法等も理論的に教えてくれ、社会問題の解決策を学生に考えさせ、社会貢献できる**実学**を教えてくれる大学が望ましい。

(4) 国際的視野で物事を考える

たとえば、わが国では「うさぎ小屋」という語句を自虐的に使うが、これはEC委員会がまとめた文書にあった言葉だという。原文ではフランス語で「cage à lapins」で、**多賀敏行氏**（元外交官・大阪学院大学外国語学部教授）によると、「画一的な狭いアパート・マンション等」のことを意味し、フランス人もこのような住居に多く住んでいるわけで、日本人を侮辱する意図で書かれたものではないと解釈できるという。私は国際的感覚に欠けているため、下記の写真のように、定期的に国際的センスの伝授を受けている（右端が多賀敏行先生）。

(5) ネットワークをつくる

私の大学では、在学生と宅地建物取引士を取り大手不動産会社等で活躍する卒業生との交流を密にし、在学生への就活アドバイスおよび卒業生どうしの同業他社との情報交換をできる場を設けている。

22. 平成の終了

2019年3月20日、平成最後の卒業式。相川ゼミの学生諸君も、希望を胸に大手不動産会社等へ巣立って行ったのである。

不動産学等を通じて他者と差別化を図るという**ミッション**（**使命**）、学生諸君とさまざまな視点（勉強だけではなく、クラブ活動等）で熱く語り合う**パッション**（**情熱**）、思い立ったらすぐに実行に移す**アクション**（**行動**）が大切であることを学んだ平成時代であった。

23. 平成から令和へ

2019年1月13日、40年ぶりに改正された民法相続編が施行され、**自筆証書遺言**のうち、財産目録はパソコンで作成が可能となった。

２０１９年4月30日、天皇陛下が譲位され、翌5月１日に皇太子殿下が第１２６代天皇の御位（みくらい）にお即（つ）きになり、元号（げんごう）が令和に改められた。譲位による御代替（みよが）わりは、光格天皇から仁孝天皇へ以来、約２００年ぶりである。

24. 東京五輪、ひっそり閉幕

２０２０年4月1日、１２０年ぶりに改正された民法債権編が施行され、契約のしくみ等が根本的に変わった。また、年初から拡大し始めた**新型コロナウイルス禍**により、生活は一変した。対面授業がユーチューブ動画によるオンライン授業となった。まじめな学生は、ユーチューブ動画を一度視聴したうえで、二度目は**「2倍速視聴」で復習**することで学力が向上し、宅地建物取引士資格試験の合格率が飛躍的にアップした。コロナのお陰でオンライン授業の有効性が発見でき、**「禍を転じて福と為す」**である。

東京五輪・パラリンピックは、１年延期された上に無観客試合となり、想い出も経済効果も実感できないまま幕を閉じた。

25．成人年齢が20歳から18歳に

２０２２年4月1日、民法改正により、成人年齢が20歳から**18歳**となり、婚姻年齢も男女ともに18歳となった。これにより、売買契約・賃貸借契約等は、保護者の同意がなくても単独で有効にでき、**取消しができなくなった**。なお、飲酒・喫煙は引き続き20歳にならないとできない。

26．出生数は80万人割れ・世界人口80億人突破！

２０２２年11月、**２０２２年の出生数が80万人割れ**と発表され、テレビや新聞等では大騒ぎになったが、驚いてはいけない。そもそも、わが国は１９６６年に人口が1億人を突破し、「このままでは食料危機になる」ということで、**人口増加を抑制する政策**が開始された。そして、40年の時を経て人口が減少し始めた。それを今さら増やせとは…。２０２３年年頭の記者会見で岸田首相は「**異次元の少子化対策**に挑戦する」と述べ、甘利前幹事長が財源として**消費税増税**に言及した。出産手当増額等、金銭による人口増誘導策は、的外れと思われる。国が行った「結婚したら、子供を持つべきだ」という問いに対して、「まったく賛成」「どち

らかといえば賛成」と答えた者の比率が激減している[注4]・図表2‐3）

「結婚したら子供を持つべきだ」「女性は子供を産むべきだ」という価値観を押し付けてはいけない。２０１８年の国勢調査で**日本人の平均年齢が約50歳**となった。かくして、今後も、**出生数は減少**する。「**こどもが減る」ことを前提とした政策**をすべきである。

また、世界人口が国連推計で80億人を突破した。地球の定員は40～45億人と言われる。**グローバル・フットプリント・ネットワーク**（Global Footprint Network）によると、現代は地球1・8個分を使っていて、**世界中の人が日本人と同じ暮らしをするには地球は2・9個分必要、豊かな生活は地球環境を悪化**させる。軽々しく人口増を主張すべきではない。

18歳人口の減少と関連して、学校基本調査（文部科学省）を分析すると、早ければ２０２３年度入学の大学入試で、**入学定員＞志願者数**となる可能性がある。**大学全入時代の到来**である。

図表2－3

調査年	2015年	2021年
男　性	75.4%	50.0%
女　性	67.4%	36.6%

27．家賃滞納追い出し条項についての判決

２０２２年12月12日、左記の争点に関し、最高裁の判決が下された。

争点：賃貸借契約を巡る家賃保証会社の左記の契約条項は適法か

❶家賃を2カ月以上滞納して、連絡が取れず、物件を長期間利用していない、物件を再び使用しない意思が客観的に見て取れる、の4要件を満たす場合、借主が物件を明け渡したとみなし、物件から家財道具を搬出できる。
❷家賃を3カ月以上滞納すると、事前通告無しに契約の解除ができる。

←

第一審（大阪地方裁判所）

❶について：**違法**　❷について：**適法**

←（**控訴**）

第二審（大阪高等裁判所）

❶について：借主の不利益は限定的で相応の合理性があり、**適法**

❷について：**適法**

←（**上告**）

（最高裁判所・第1小法廷・堺徹裁判長）

❶について：借主の権利が一方的に制限されており、法的措置によらず明け渡しとみなすのは著しく不当で、**違法**

❷について：保証会社は賃貸借契約の当事者ではなく、借主が生活の基盤を失うのは看護できないので、**違法**

この事例は、憲法、民法、借地借家法に加え、消費者契約法第10条の「消費者の利益を一方的に害する条項」も絡む。私の受講生で、コロナ禍でアルバイトがなくなり、「一時的に」家賃を払えずアパートを追い出された者がいる。居住の権利が守られた点で評価できる判決である。

公営住宅（県営住宅・市営住宅等）は、民間の賃貸住宅より家賃が安く、主に低額所得者の入居を想定している。しかしながら、国土交通省の2022年4月時点の調査では、**保証人が必要な自治体は77%**もある。政令指定都市で**15%**。ほとんどの中小自治体の**公営住宅はセーフティーネットの役割を果たしていない**。UR（都市機構）のように、保証人不要等、住宅に関するセーフティーネットの強化無くして、根本的解決はない。

28. 宅地建物取引士・新時代

図表2-4は、不動産適正取引推進機構の資料をもとに筆者が作成した。

鉄道業界は、人口減少やコロナ禍で本業が低迷し多角化経営を行うが、特に、沿線での**宅**

図表２－４　2022年宅建士試験職業別合格者数等（▲はマイナス）

職　　種	21年合格者数	22年合格者数	増　減	21年合格率
不動産業	**12,953名**	**10,671名**	**▲17.6%**	**16.9%**
金融業	4,742	4,777	0.7	19.5
建設業	3,808	3,689	▲2.9	**12.0**
他業種	10,088	10,633	5.4	19.2
学　　生	**5,439**	**4,161**	**▲23.5**	**20.1**
主　　婦	1,549	1,580	2.0	**21.2**
無職等	2,892	3,005	3.9	19.1

地開発（不動産業）、駅ナカ（流通業）は、効果がある。同様に、**金融・新聞・自動車・家電・郵便業界等も次々と優秀な人材を不動産部門に投入してい**る。その影響で、**５点免除があるのに不動産業界は他業界より合格率が低い**。また、**18歳人口の減少で学生の合格者が激減**しているため、宅建士在学中合格学生の争奪戦が、企業間で繰り広げられている。

29. 栗山英樹監督の講演会に参加して想うこと

２０２３年１月16日、ＷＢＣ日本代表栗山英樹監督が、大阪学院大学へ講演に来られた。テーマは「人を育てる力－ＷＢＣ戦を前に栗山監督が熱く語る」。**「生涯一教師」**を座右の銘とする私には、監督のお話は金言であった。参加した相川ゼミ生は、「勉強意欲が湧いてきた」と話したほどだ。

さて、有名な野球選手なら**代理人**（agent）がつくことが多い。**代理**（proxy）とは、何であろうか。たとえば、E球団のO選手がBに、「私の代理人になって下さい」と頼んだ（**委任**という）としよう。**代理を頼んだO選手を本人、頼まれたBを代理人、E球団を相手方**という。

Bは、E球団に対して、「私はO選手の代理人です」と言い（**顕名**という）、B・E球団間で、「O選手の年俸、二刀流の調整方法等」に関して交渉する。B・E球団間の交渉で決定した内容は、O選手・E球団間で契約が結ばれる。Bが交渉している間、O選手は野球の練習をする。すなわち、交渉等専門的なことは代理人に任せ、自分は野球に専念できるのだ。

図表2－5　任意代理

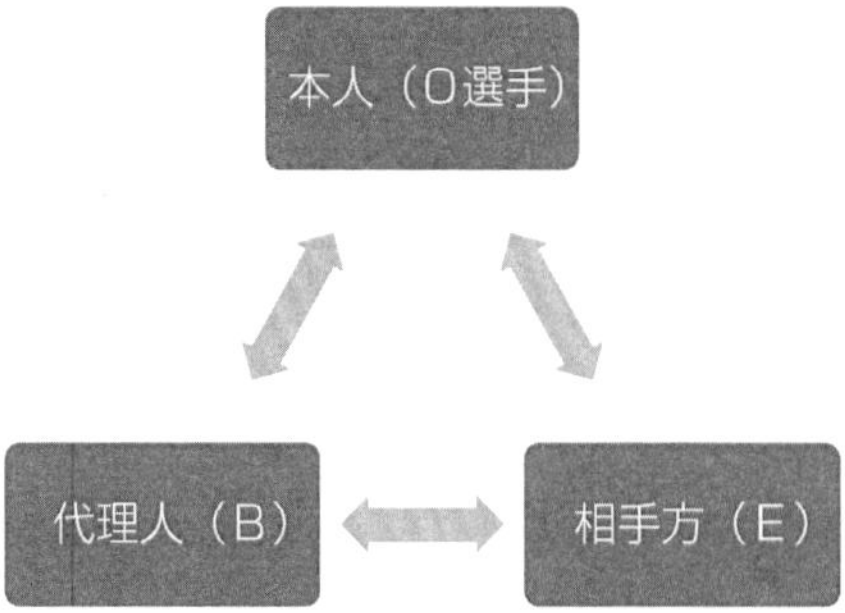

本人（O選手）

代理人（B）

相手方（E）

さて、もし、代理人Bが新型コロナウイルスに感染したら、どうする？　仕事ができないので、Bは、別の人を**復代理人**として選任できる。Bは、復代理人を選任しても、自らの代理権は失わない。復代理人とは、代理人が選任する**本人の代理人**である。なお、代理人には、以上のような**任意代理人**と**法定代理人**（親等）がある。

代理権授与の際、通常、「土地を売る代理権」とか、「大リーグでプレーするための代理権」と、代理権の内容を決めるのが通常であるが、本人が、「君に任せた。あとはよろしく！」と言って、権限の範囲を決めないことがある（**権限の定めのない代理人**）。この場合、次の権限がある。

(1) **保存行為** (2) 性質を変えない範囲での**利用行為**等

留守番を頼まれて、庭に怪しい男がいたら「出ていけ！」と言うのが保存行為、留守番のためそこで生活をするのが利用行為である。

国家試験にチャレンジ！㉒（宅地建物取引士・1984年・一部改題）

代理に関する次の記述のうち、民法上、誤っているものはどれか。

1 復代理人は、代理人を代理するのではなく、直接に本人を代理する。
2 委任による代理を、任意代理という。
3 代理人は、復代理人を選任しても自らの代理権を失わない。
4 権限の定めのない代理人は、保存行為しか行うことができない。

正解は、4である。

さて、2022年の地価公示で**地価上昇率が商業地・住宅地ともに「日本一」**になったのが、北海道北広島市である。なぜ日本一になったのか？ それは、**日本ハムファイターズの新球場「エスコンフィールド北海道」が建設され、球場周辺には素敵な街、「北海道ボール**

パークFビレッジ」の開発で、**都市としての魅力が大幅に向上**したからである。ちなみに、栗山監督も**日本ハムの監督として日本一**に輝いている。

図表2－6　主要都市の空室率（注5）

都　市	2019年9月末	2022年9月末
サンフランシスコ	5.6%	24.1%
ニューヨーク	7.4	15.4
北　京	7.3	9.7
パ　リ	5.1	7.5
シンガポール	4.6	5.7
東　京	**0.6**	**4.2**

30．2023年問題

新型コロナ禍によるテレワーク普及でオフィス需要が冷え込んでいる。

国内に目を向けると、東京はオフィスビルの大量供給で需給バランスが崩れる**2023年問題**に直面している。森トラストの資料によると、2023年に供給される大規模オフィスビル（延べ面積が1ha以上）の総面積は前年比2・3倍の132ha、2025年には137haが予定される。

31．文化庁、東京から京都へ「おかえりやす」

2023年3月、明治以来初の中央官庁の移転である。2016年、第2次安倍晋三政権が進めた**地方創生の一環で、東京一極集中打破を狙う。**移転先は京都府庁に隣接する旧府警本部を改修した建物だ。日本一歴史の長い都市の一つである京都で育まれた歴史・文化・伝統、そして、アニメーション文化を世界に発信してほしい。**都倉俊一文化庁長官**に期待がかかる。

図表2－7　不動産学年表（注6）

年　度	主な出来事	受験者数（名）	合格者数（名）	合格率（%）	インバウンド人数（万人）	好　不　況
1958	宅建誕生	**36,646**	34,065	**93.0**		
1959	東京五輪決定	**12,876**	12,649	**98.2**		
1960		**15,051**	12,502	83.1		
1961		**17,935**	11,662	65.0		
1962		**20,004**	12,339	61.7		五輪景気
1963		**33,189**	14,059	42.9		
1964	**東京五輪，万博決定**	**39,825**	9,040	**22.7**	35.3	
1965	40年不況	**23,678**	10,177	43.0	36.7	いざなぎ景気
1966	人口１億人突破	24,528	8,995	36.7	43.3	
1967		32,936	9,239	28.1	47.7	
1968		42,960	10,392	24.2	51.9	
1969	人類月面着陸	60,965	31,398	51.5	60.9	
1970	**日本万国博覧会**	88,514	23,063	26.1	85.4	
1971		109,732	20,547	18.7	66.1	
1972	日本列島改造論	**156,949**	33,867	21.6	72.4	
1973		**173,152**	**57,140**	33.0	78.5	
1974		102,849	17,821	17.3	76.4	
1975		76,128	15,012	19.7	81.2	
1976		79,300	21,561	27.2	91.5	
1977		83,011	20,648	24.9	102.8	
1978		88,861	20,112	22.6	103.9	
1979		116,927	17,655	15.1	111.2	
1980		130,761	26,153	20.0	131.7	
1981		119,091	22,660	19.0	158.3	

1982		109,061	22,355	20.5	179.3	
1983		103,953	13,761	13.2	196.8	
1984		102,233	16,325	16.0	211.0	
1985	阪神日本一	104,566	16,170	15.5	232.7	
1986		131,073	21,786	16.6	206.2	バブル景気
1987		192,785	36,665	19.0	215.5	
1988	宅建業法大改正	235,803	39,537	16.8	235.5	
1989	消費税導入	281,701	41,978	14.9	283.5	
1990	東西ドイツ統一	342,111	44,149	12.9	323.6	
1991	バブル崩壊	280,779	39,181	14.0	353.3	
1992		223,700	35,733	16.0	358.2	
1993		195,577	28,138	14.4	341.0	
1994	関西国際空港開港	201,542	30,500	15.1	346.8	
1995	阪神大震災	202,589	28,124	13.9	334.5	
1996		197,168	29,065	14.7	383.7	
1997		190,131	26,835	14.1(13.9)	421.8	
1998	消費税５%に	179,713	24,930	13.9(13.6)	410.6	
1999		178,384	28,277	15.9(15.0)	443.8	
2000		168,094	25,928	15.4(15.1)	475.7	
2001	アメリカ同時多発テロ	165,104	25,203	15.3(15.0)	477.2	
2002		169,657	29,423	17.3(17.2)	523.9	
2003		169,625	25,942	15.3(15.0)	521.2	
2004		173,457	27,639	15.9(15.8)	613.8	
2005	愛・地球博	181,880	31,520	17.3(15.9)	672.8	
2006		193,573	33,191	17.1(15.8)	733.4	
2007	サブプライムローン問題	209,684	36,203	17.3(15.2)	834.7	
2008	リーマンショック	209,415	33,946	16.2(14.8)	835.1	
2009		195,515	34,918	17.9(15.9)	621.9	

2010		186,542	28,311	15.2(14.2)	861.1	
2011	東日本大震災	188,572	30,391	16.1(15.4)	621.9	
2012	スカイツリー完成	191,169	32,000	16.7(15.4)	835.8	
2013	**東京五輪決定**	**186,304**	28,470	15.3(13.9)	1,036.3	
2014	消費税８％に	**192,029**	33,670	17.5(15.6)	1,341.3	
2015	宅地建物取引士に改名	**194,926**	30,028	15.4(14.1)	1,973.7	
2016	英国，EU 脱退	**198,463**	30,589	15.4(14.1)	2,404.0	
2017		**209,354**	32,644	15.6(14.3)	2,869.1	
2018	**大阪万博決定**	**213,993**	33,360	15.6(14.1)	3,191.2	
2019		220,797	37,481	17.0	3,188.2	
2020	**新型コロナ禍**	204,250	34,338	16.8(16.0)	411.6	
2021	**東京五輪**	234,714	48,881	17.7(16.7)	24.6	
2022	**ロシア.ウクライナ侵攻**	226,048	38,525	17.0(17.0)	383.2	

（注）（　　）内は，一般受験者のみの合格率

図表2-8

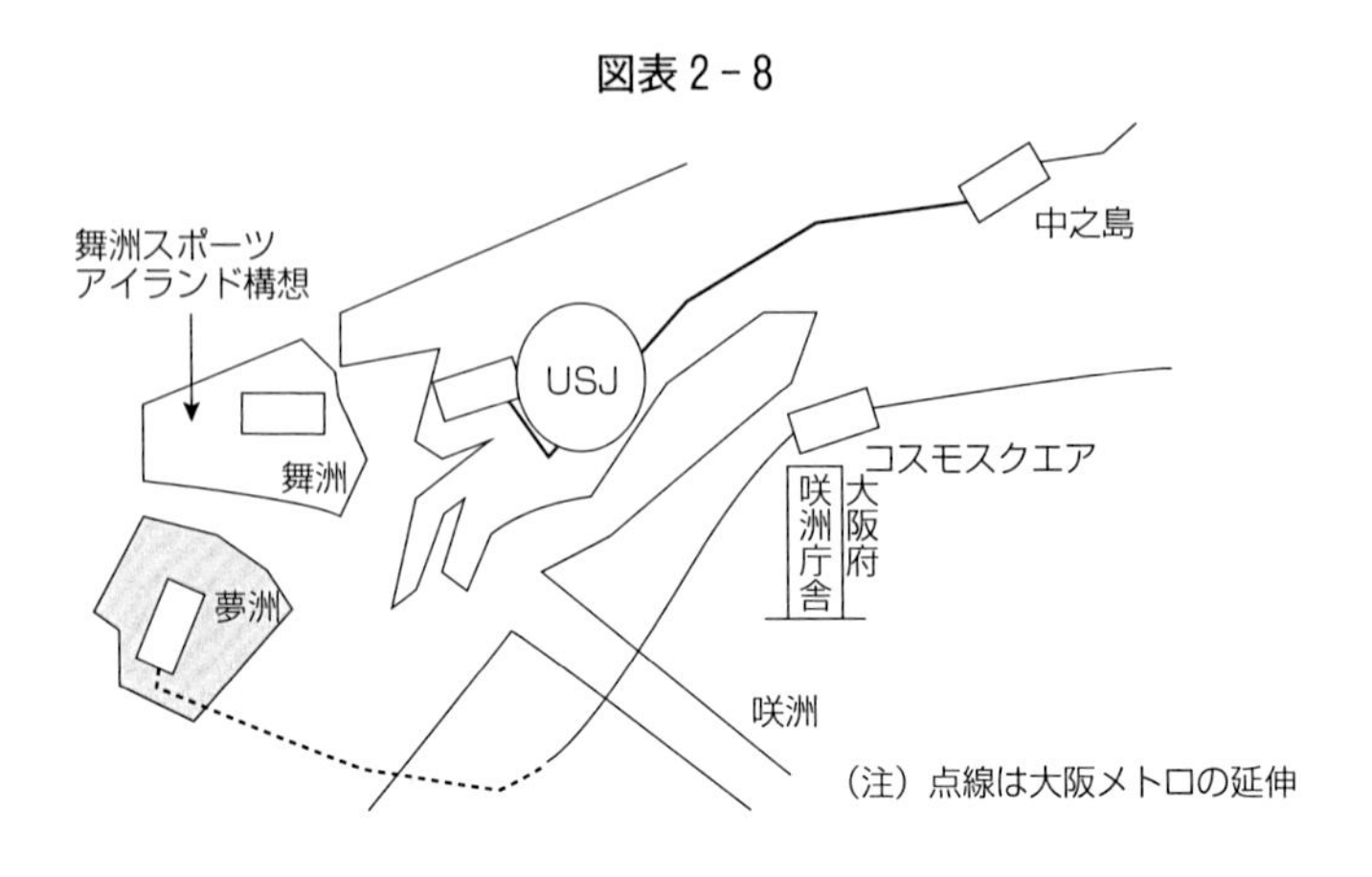
舞洲スポーツ
アイランド構想
中之島
USJ
舞洲
コスモスクエア
咲洲庁舎
大阪府
夢洲
咲洲
（注）点線は大阪メトロの延伸

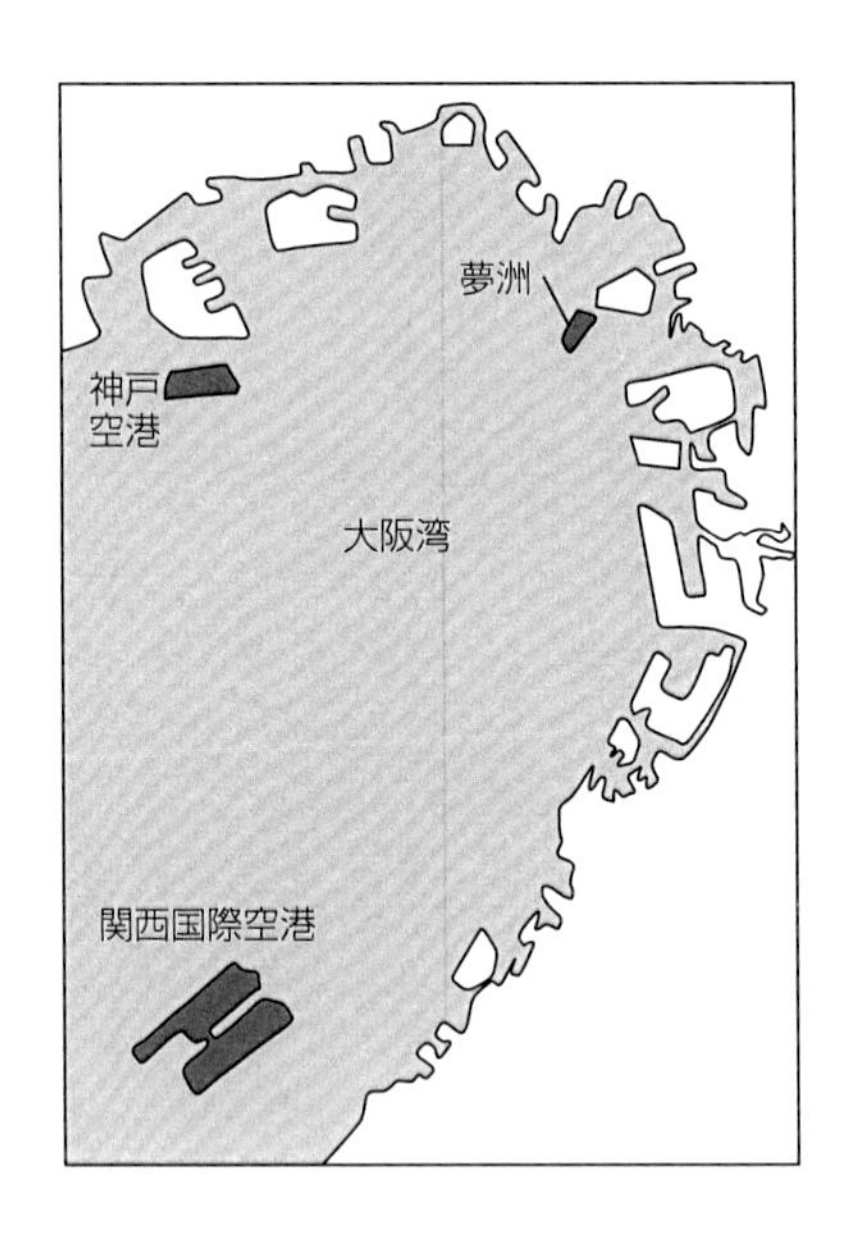
夢洲
神戸
空港
大阪湾
関西国際空港

図表2－9　建物の構造

〈耐震構造（従来型）〉

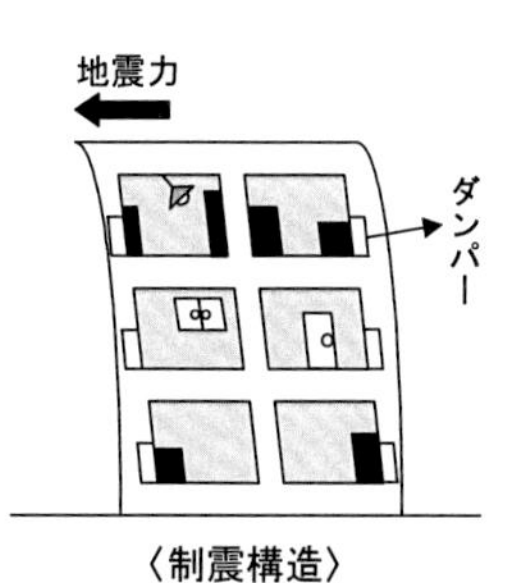

〈制震構造〉

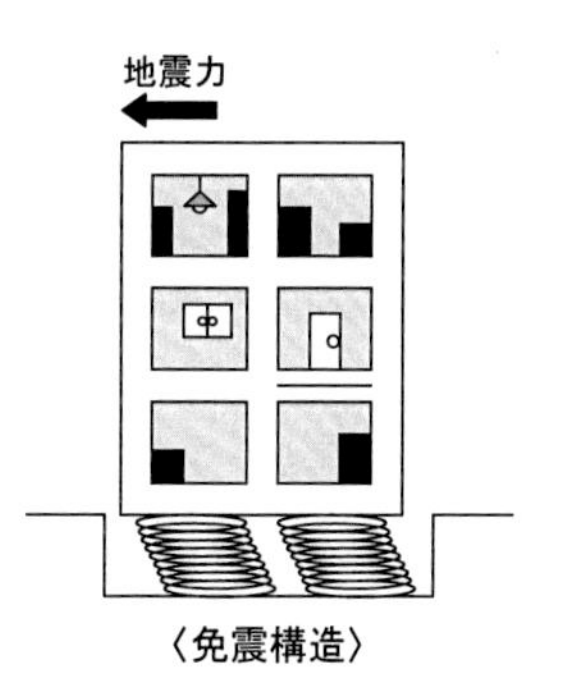

〈免震構造〉

注

（注1）『バブル経済理論―低金利、長期停滞、金融劣化』（日本経済新聞出版・2021年）による。
（注2）国土交通省のホームページのものを、著者が一部修正して作成。
（注3）『CAPITAL ～ in the Twenty-First Century』（2013年）。
（注4）国立社会保障・人口問題研究所「出生動向基本調査」より。
（注5）不動産サービス大手のJLL公表の資料による。
（注6）旧建設省・国土交通省・法務省の資料をもとに、著者が作成。

第3章　不動産業界研究

1．不動産学の知識は全業界で必要

日本の民間企業は、図表3-1のように、ザックリ8分類できる。就職や転職先に、不動産・建設業界はいかがであろうか。私がこの業界を薦める理由は、**学閥が比較的少なく**努力が報われやすいこと、大学で学ぶ**専門知識を生かせる**こと、国家資格を取得すれば**男女間の給与格差が基本的にない**こと、および、**国際的な仕事**ができることである。

私の受講生が多く就職している**大和ハウス工業**では、新型コロナウイルス感染症対策で在宅勤務を行った社員にアンケート調査を行い、約3、600人の要望を踏まえ、「**テレワーク向け住空間**」を考案し、商品化した。

(1) ウイルス対策の間取り（上記2・食品・化学医療業界）

(2) 防音素材を採用（上記3・素材業界）

図表３－１　日本の産業の全体像（注１）

	No. 1 企業	No. 2 企業	No. 3 企業
(1) 不動産・建設	大和ハウス工業	積水ハウス	大林組
(2) 食品・化学医療	三菱ケミカルHD	富士フィルムHD	住友化学
(3) 素　材	日本製鉄	JFE HD	住友電気工業
(4) 電機・機械・自動車	トヨタ自動車	日立製作所	パナソニック
(5) 運輸・エネルギー	JXTG エネルギー	東京電力 HD	関西電力
(6) 金　融	三菱 UFJ FG	日本生命保険	三井住友 FG
(7) 商社・流通	三菱商事	伊藤忠商事	イオン
(8) サービス	ソフトバンク G	電通 G	KDDI

(3) Ｗｉ－Ｆｉ設置・ＬＥＤ照明（上記４・電機・機械業界）
(4) 電気（上記５・運輸・エネルギー業界）
(5) 住宅ローンの審査（上記６・金融業界）
(6) 素材等の輸入は商社等が担当（上記７・商社・流通業界）
(7) 広告（上記８・サービス業界）

不動産学の知識が関係しない業界はない。

2. 不動産業の種類

専門用語❶ パワービルダー ⬇ 国土交通省によると、「一般的に、一次取得層をターゲットにした比較的小規模な一戸建住宅を低価格で販売する不動産業者」のこと。（注２）

パワービルダーの雄は、２０１３年に６社（一建設・飯田産業・東栄住宅・タクト

図表３－２　不動産業の種類

種　類	内　容	具体的企業例
売　買	不動産を売る	住友不動産販売・飯田GH（パワービルダー）・住友林業ホームサービス
仲介（代理・媒介）	不動産を買主や借主に紹介する	近鉄不動産・阪急阪神不動産・住友不動産販売
管　理	不動産を管理（点検・修繕・家賃徴収代行等）をする	住友林業レジデンシャル・パナソニックホームズ不動産・大和ハウスリアルエステート
開　発	新しいまちづくりや古い団地の再生をする	三菱地所・三井不動産・住友不動産・大和ハウス工業・東急不動産・阪急阪神不動産・住友林業
証券化	富裕層から金を集め、不動産投資信託等の投資をする	野村証券・大和証券・各種投資会社

図表３－３　パワービルダーの特徴

	大手不動産会社	パワービルダー
商　品	建売住宅・注文住宅・マンション等	建売住宅がメイン
代金（100㎡・地方都市）	4,000～6,000万円	2,000～4,000万円
メリット	個性的・高級感	安い
デメリット	高い	無個性

ホーム・アーネストワン・アイディホーム）が経営統合した**飯田グループホールディングス（飯田ＧＨ）**である。

パワービルダーは、大量仕入・大量生産　施工工程の簡略化　人件費を日当（１日〇万円）ではなく成果主義（１戸〇〇万円）でコストカットする。パワービルダー全体の建売住宅供給量の約３割が飯田ＧＨが占めている。**大阪公立大学と共同で人工光合成等を共同研究**している点も大阪・関西万博のパビリオン出展企業に選ばれた理由の一つであろう。

3．業界別労働生産性

専門用語❷ **労働生産性** ⬇ **労働者1人当たりに生産できる成果を数値化したもの**

物的労働生産性とは、たとえば、生産された携帯電話が10万個で、労働者が２００人なら、労働者１人当たりの労働生産性は携帯電話５００個。**付加価値**とは、たとえば、携帯電話を１つ作るのに１００円の原価がかかり、４００円で売ったなら、差額の３００円が付加価値。**付加価値労働生産性**で、労働者１人当たりの労働生産性を知りたい場合は労働者数で割り、１時間当たりの労働生産性を知りたい場合は（労働者数×労働時間）で割る。

不動産業が高い理由は、不動産業は商品価格が超高額な上、国民経済計算上、**持家の帰属家賃が不動産業のＧＤＰに含められているから**である。**持家の帰属家賃**とは、実際に家賃支

図表３－４　２つの労働生産性の計算式

（1）物的労働生産性

・生産量 ÷ 労働者数

（2）付加価値労働生産性

・付加価値 ÷ 労働投入量

図表３－５　主要産業別名目労働生産性（単位：円）（注３）

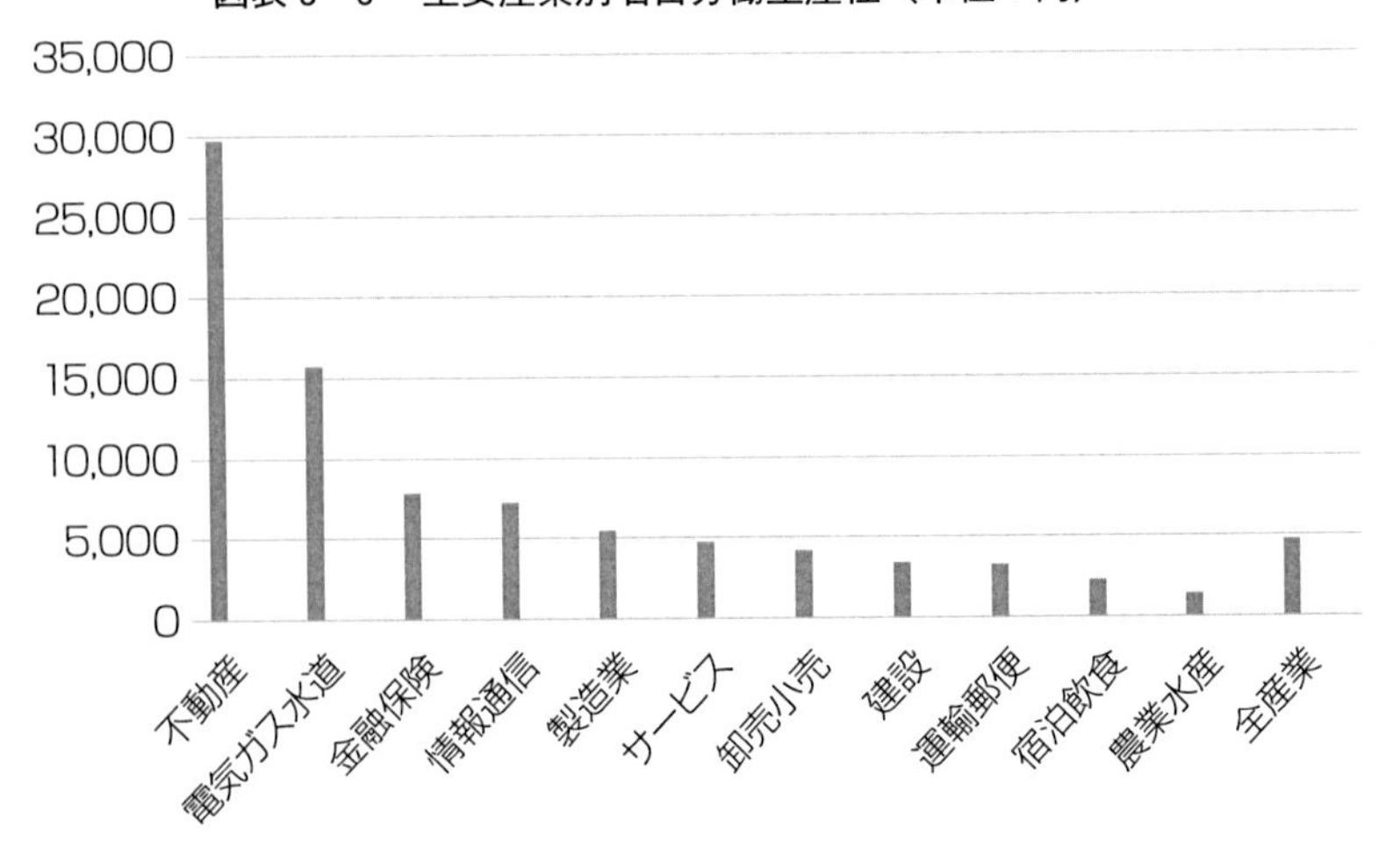

図表3-6　不動産業界の日本経済に占める割合

	不動産業売上高	全産業売上高に占める割合	不動産業経常利益	全産業経常利益に占める割合
2019年度	45.4兆円	3.1%	4.6兆円	6.5%
2020年度	44.3兆円	3.3%	5.3兆円	8.5%

図表3-7　ハウスメーカー・ビッグ5（有価証券報告書による）

順位	企業名	2019年売上高	2020年売上高	2021年売上高
1	大和ハウス工業	4兆3,802億円	4兆1,267億円	4兆4,395億円
2	積水ハウス	2兆4,151億円	2兆4,469億円	2兆5,896億円
3	住友林業	1兆1,040億円	8,393億円	1兆3,895億円
4	飯田グループH	1兆4,020億円	1兆4,561億円	1兆3,869億円
5	積水化学	1兆1,293億円	1兆566億円	1兆600億円

払いがない持家家庭についても統計上は賃貸住宅のようなサービスが生産→提供→消費されたとみなし、それを市場価格で評価した家賃をいう。持家の帰属家賃だけ分子が大きくなる。

では、帰属家賃を無視するとどうなるか。**持家率の高い地域**（語弊を恐れずに言うと、いわゆる高級住宅街等）**ではGDPが低くなり、借家率の高い地域が高くなり、不合理**となる。以上により、不動産業は特殊な業界と言えるが、法人企業統計（財務省）を考察すると、**不動産業はわが国の経済を引っ張る存在**であることがわかる（図表3-6）。

多くの業界が新型コロナウイルス禍で利益が減少したにもかかわらず、不動産業界では増加している。また、業界別平

図表３－８　有名不動産会社と主たる出身大学

	企　　業	主たる出身大学	本学実績
第1群	三菱地所	旧帝大・一橋・神戸・早大（政経）・慶大（経済）	—
第2群	三井不動産・東急不動産・阪急阪神不動産	旧帝大・一橋・早慶上智・神戸	○
第3群	住友林業・住友不動産	早慶上智・神戸・関関同立・GMARCH	—
第4群	大和ハウス工業・積水ハウス・近鉄不動産	早慶上智・GMARCH・関関同立・日東駒専・産近甲龍	○
第5群	三菱地所ホームテック・三井不動産リアルティ・住友不動産販売・住友林業ホームサービス・東急リバブル・飯田GH・三菱 UFJ 不動産販売・野村不動産アーバンネット	早慶上智・GMARCH・関関同立・日東駒専・産近甲龍	○
第6群	プレサンスコーポレーション・オープンハウス・エイブル	GMARCH・関関同立・日東駒専・産近甲龍・大東亜帝国・摂神追桃	○

均年収（２０２０年・40歳時）でも、不動産業は８２７万円で、建設（８０６万円）・メガバンク（７３５万円）・自動車（７３２万円）・家電（７１３万円）・保険（６８２万円）・鉄道（６７９万円）・証券（６７０万円）・百貨店（４３４万円）等の関連業界より高い。（注４）

４．有名不動産会社と主たる出身大学

企業別の主たる出身大学を示すと図表３-８のようになる。（注５）

図表３－９　大阪学院大学・不動産国家資格取得プロジェクト

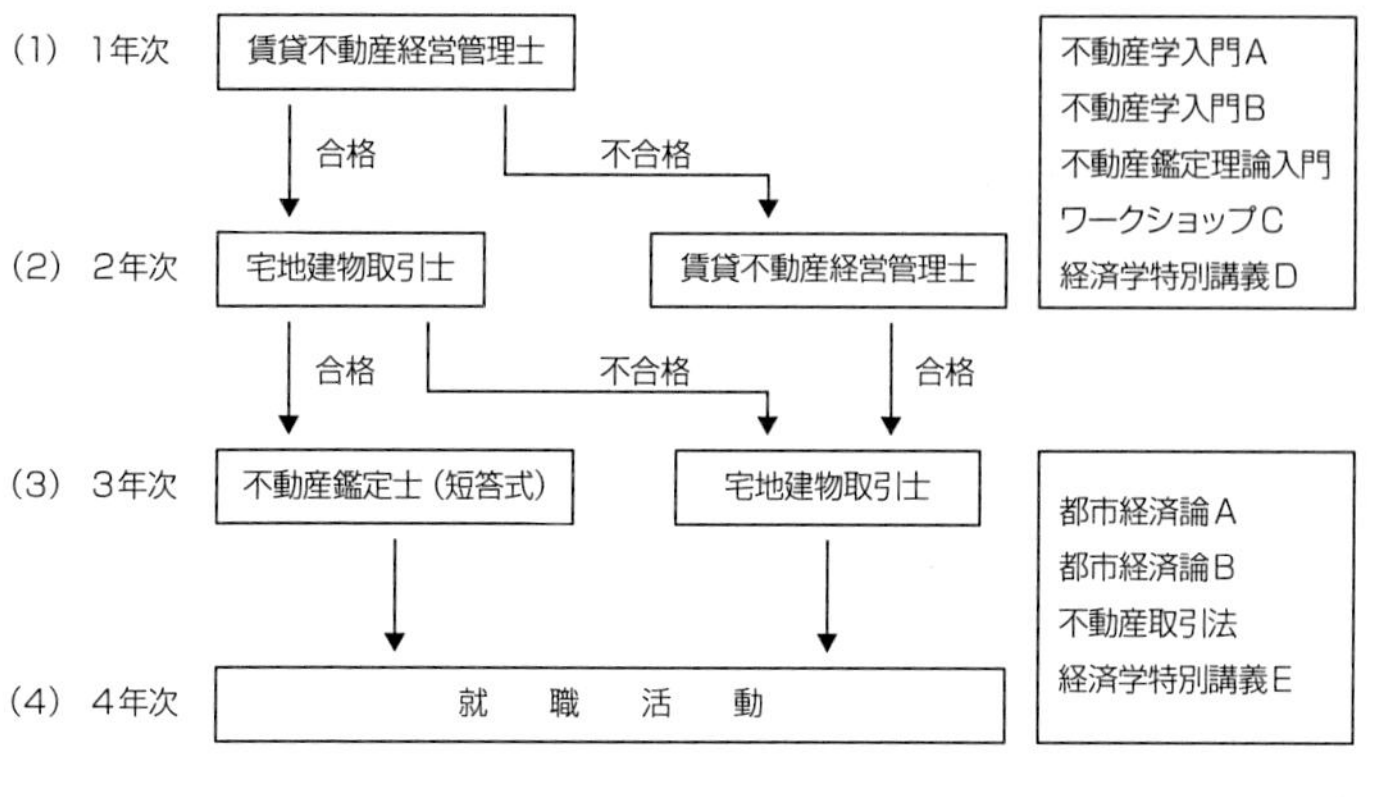

５．不動産学ゼミナール

相川ゼミナールは、１９９８年に立ち上げた不動産学ゼミ（任意団体）を源流とし、２０１６年に経済学部の正式なゼミナールとなった。実業界・学会・受験界・地方自治体の支援を受け、不動産学の実証研究を中心に、国家試験対策・就活指導を行う西日本の大学唯一の専門ゼミナールである。

相川ゼミナール生の卒業研究課題（２０２３年１月現在・以下同じ）

１位：空き家問題　９名
２位：防災問題　５名
３位：都市再開発　４名
４位：スマートタウン　３名
５位：２０２５年大阪・関西万博　２名

相川ゼミナール生（含：聴講生）の卒業後の進路

1位：近鉄不動産　6名
2位：大和ハウス工業　4名
2位：飯田Gホールディングス　4名
2位：住友林業ホームサービス　4名
5位：東急コミュニティー　2名
5位：パナソニックホームズ不動産　2名
7位：大和証券　1名
7位：阪急阪神不動産　1名
7位：住友不動産販売　1名、その他

なお、一般的な会社訪問数は50～60社であるが（オークス調査）、相川ゼミでは業界を建設・不動産に特化しているので、2～8社である。

相川ゼミナール生（含：聴講生）の取得国家資格

1位：宅地建物取引士　36名
2位：賃貸不動産経営管理士　20名

3位：管理業務主任者　4名
4位：電気工事士　2名

相川ゼミナール、5つのモットー

(1) 最高の書籍を書く

大学の授業で使用するものは創成社より、宅地建物取引士資格試験対策はTAC出版より出版する。

(2) 最高の授業をする

毎年、年度末に1年間の授業内容を検証し、翌年にはヴァージョンアップした授業をしている。

(3) プレゼン力をつける

わが国の都市問題に関するプレゼンテーションを行い、解決策を探る訓練をする。

(4) 優良企業への就職指導をする

個々の学生に**マッチした企業を個別指導**する。必要に応じて大企業の人事に直接推薦する。筆者自身、学生時代にゼミの先生を通じて当時経常利益日本一のS銀行に内定した経験がある。その**恩返し**

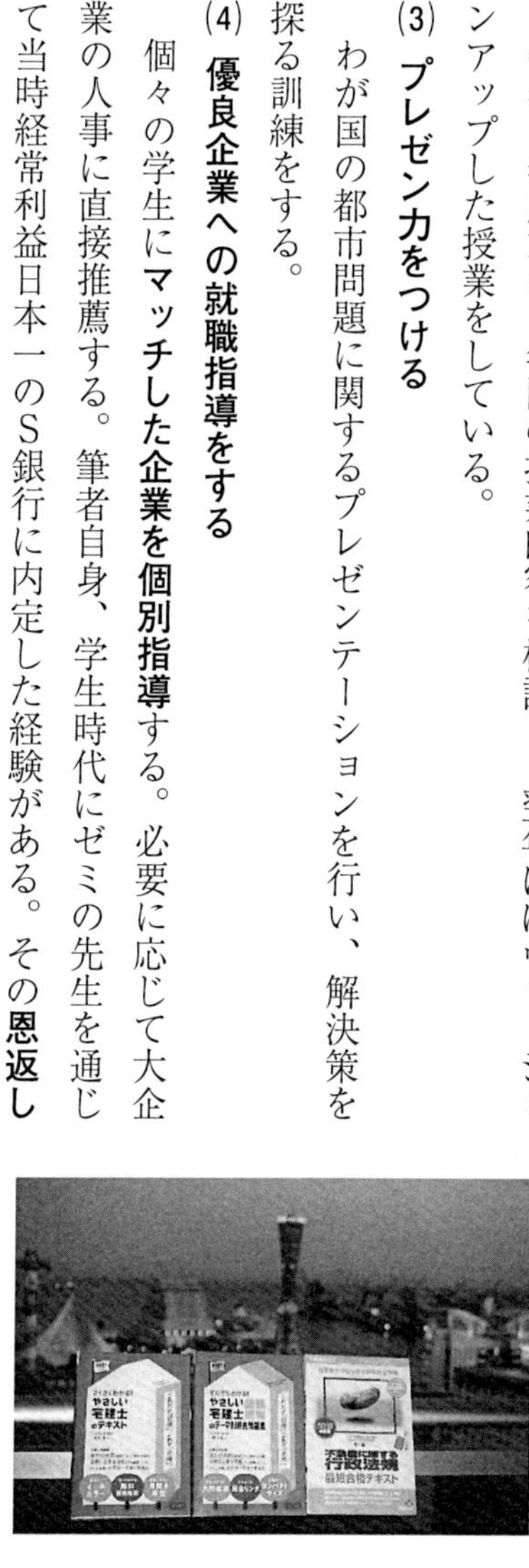

に受講生を優良企業に推薦するのが長年の夢であった。

(5) 最高のゼミ生と苦楽を共にし、ブラボーな人生を歩む

先輩が後輩に、勉強はもちろんのこと、企業の耳寄り情報を伝授する。

同じ釜の飯を食えば、心は通ずるのである。

さいごに、2020〜2022年と新型コロナウイルス禍に翻弄されたが、コロナ禍を契機に**就活のオンライン化が進み、タイムパフォーマンスがアップ**した。結果、**就活費用が激減**した。相川ゼミ生への調査では、2017〜2020年卒業生は平均約19万円だったのが、2023年卒業生は平均約9万円と半減した。かくして、**東京の大学の地理的有利性が低下**したと考えている。

注

(注1)『キャリタス就活2022 業界MAP』(（株）ディスコ)による。

(注2)「最近の分譲一戸建の着工動向－首都圏における動きを中心として」(国土交通省)

(注3)「国民経済計算・2020年」(総理府)の資料をもとに筆者が作成。1時間当たりの労働生産性である。

（注4）週刊東洋経済2021・1・30号より。
（注5）これは、筆者が今まで輩出してきた8、000名以上の宅地建物取引士資格試験合格者を分析したものである。

※本章は『大阪学院大學通信　2020年11月号』に寄稿したものを加筆修正したものである。

第4章　鑑定評価理論入門

1．鑑定評価とは

鑑定とは、物事の良否等を判定することである。古風な言い方をすると、「**目利き**」と言うことができる。そして、**評価**とは、どれだけの価値があるかを見定めることである。

不動産の鑑定評価とは、不動産鑑定評価基準によると、「その不動産の経済価値を判定し、これを貨幣額をもって表示することである……」とし、「不動産の価格に関する専門家の判断であり、意見であるといってよいであろう」と結論づけられている。この専門家が、**不動産鑑定士**である。

不動産の価格は、次の「**三者**」の相関結合によって生ずる不動産の経済価値を貨幣額で表示したものである。

(1) その不動産に対してわれわれが認める**効用**（欲望を満たしてくれる）

(2) その不動産の**相対的稀少性**（品薄状態だと価格が上がる）

(3) その不動産に対する**有効需要**（資金力がある買手の存在）

たとえば、2005年6月に、**景観を「公共の財産」**と位置づける**景観法**が全面施行されたことを背景に、京都市では、2007年9月に市中心部の建築物の高さ等を規制する新景観政策がスタートした。それまでは建築できたタワーマンションが建築できなくなったのである。そして、中古マンションの**高層階部分が相対的稀少性によりプレミアム化**し、人気が急上昇して価格が高騰したのである。

2. 価格形成要因

価格形成要因とは、三者に影響を与える要因をいう。そして、それは、3つに分類される。

(1) 一般的要因

一般経済社会における不動産のあり方、およびその価格の水準に影響を与える要因をいう。代表例として、「**人口の状態**」がある。**人口が増加すると不動産の価格は上昇**する。しかしながら、現在は人口減少社会であり、郊外は土地の価格は横ばいで、今後は下げ基調となるであろう。

(2) 地域要因

一般的要因の相関結合によって規模、構成の内容、機能等にわたる各地域の特性を形成し、その地域に属する不動産の価格の形成に全般的な影響を与える要因をいう。代表例として、**「都心との距離および交通施設の状態」**がある。**都市への通勤等の時間が少なければ、不動産の価格は上昇**する。

(3) 個別的要因

不動産に個別性を生じさせ、その価格を個別的に形成する要因をいう。代表例として、**「地勢、地質、地盤等」**がある。**地盤が強固であれば不動産の価格は上昇**し、**軟弱なら下降**する。

3. 鑑定評価により求める価格

不動産の鑑定評価によって求める価格は、**基本的には正常価格**であるが、鑑定評価の依頼目的に対応した条件により限定価格、特定価格または特殊価格を求める場合がある。

(1) 正常価格

市場性を有する不動産について、現実の社会経済情勢の下で合理的と考えられる条件を満たす市場で形成されるであろう市場価値を表示する適正な価格をいう。

(2) 限定価格

市場性を有する不動産について、不動産と取得する他の不動産との**併合**または不動産の一部を取得する際の分割等に基づき、正常価格と同一の市場概念の下において形成されるであろう市場価値と**乖離**することにより、市場が相対的に**限定**される場合における取得部分の当該市場限定に基づく市場価値を適正に表示する価格をいう。

たとえば、図表4−1のように、細長い土地（ウナギの寝床型の土地ということがある）があるとしよう。Aが自分の土地を800万円で売りに出したとする。Bの土地も800万円とする。ところで、Aの土地とBの土地を合体すればいくらであろうか？800万円＋800万円＝1、600万円ではない。1、800万円くらいになる。なぜならば、合体により使い勝手が良くなるからである。ということは、Bさんなら1、000万円**（市場価値と乖離）**出しても損はない。Bさんが、「私に1、000万円で売ってくれ」とAさんに言ったら、他の人はなかなか参入できなくなる**（市場が限定）**。

図表4－1

A　800万円
B　800万円

(3) 特定価格

市場性を有する不動産について、法令等による社会的要請を背景とする鑑定評価目的の下で、正常価格の前提となる諸条件を満たさないことにより、正常価格と同一の市場概念の下において形成されるであろう市場価値と乖離することとなる場合における不動産の経済価値を適正に表示する価格をいう。

ここでいう法令等とは、**会社更生法等**である。

(4) 特殊価格

文化財等の一般的に**市場性を有しない**不動産について、その利用現況等を前提とした不動産の経済価値を適正に表示する価格をいう。たとえば、大阪城の鑑定評価である。

4. 鑑定評価の手法

価格に関するものおよび賃料に関するものがあるが、ここでは、価格に関するものを考える。**原価法**、**取引事例比較法**および**収益還元法**に大別される。

5. 原価法

価格時点における対象不動産の**再調達原価**を求め、この再調達原価について**減価修正**を行って対象不動産の試算価格を求める手法である。

なお、原価法に関しては、「第1章　不動産学超入門10.」に具体的な解説をしているので、ここでは省略する。

6. 取引事例比較法

まず多数の**取引事例**を収集して適切な事例の選択を行い、これらに係る取引価格に必要に応じて**事情補正**および**時点修正**を行い、かつ、地域要因の比較および個別的要因の比較を行って求められた価格を比較考量し、これによって対象不動産の試算価格を求める手法である。

たとえば、図表4-2のA土地の鑑定評価を、B土地の取引事例（1年前に坪200万円で売買・この1年間で地価は5％上昇）で、求めてみよう。

まず、**200万円×1.05＝210万円（時点修正）**……………………(1)

そして、B土地が属する地域と比較し、A土地が属する地域は価格水準が10％高いと判断（不動産鑑定士が判断）した。

210万円×1・1＝231万円（地域要因の比較）……………… (2)

なぜ、10％高いか？

それは、**駅に近いから**である（最近では、**時間価値**ということがある）。

さらに、A土地は**角地**なので、B土地より坪当たり50万円高いと判断（不動産鑑定士が判断）した。

図表4－2

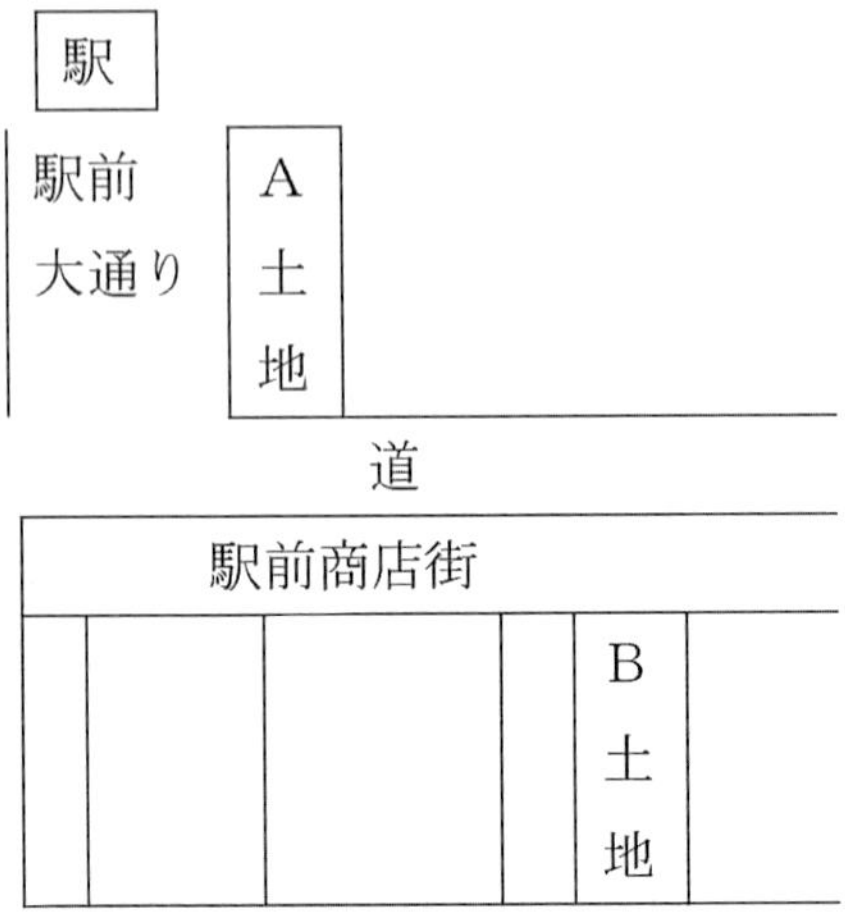

駅

駅前大通り

A土地

道

駅前商店街

B土地

231万円＋50万円＝281万円（個別的要因の比較）……………… (3)

なぜ、角地だと高くなるか？

一定の角地は、耐火建築物を建築する場合に**建蔽率**の緩和がある上、ショーウインドーが広くとれ、お客様が入りやすいので、特に商業地では価格上昇要因となる。

かくして、A土地の価格は、坪281万円と試算される。

注意点は、**特殊事情**を含む事例（親戚に売った事例だと、安めに売られている可能性あり）や時点修正できない古い事例、**投機的取引**に係る事例は使えない。

国家試験にチャレンジ！㉓（宅地建物取引士試験・１９８４年）

次の記述のうち、不動産鑑定評価の取引事例比較法において選択する取引事例として適切でないものはどれか。

1 近隣地域又は同一需給圏内の類似地域にあるもの
2 形状、日照等個別的要因の比較が可能なもの
3 多少古い事例であって、時点修正ができるもの
4 隣接地にあって、取引価格に影響を及ぼす特殊な事情を含むもの

正解は、４である。

7. 収益還元法

対象不動産が将来生み出すであろうと期待される純収益の現在価値の総和を求めることにより、対象不動産の資産価格を求める手法で、自ら使用中の住宅にも適用できる。

〈**設例**〉単純化した事例で考えてみる。たとえば、Aさんが、銀行からお金を借りて（利率年5％とする）、Bさんから100坪の土地を買うとしよう。そして、その土地を他人に貸すことによって年間2、000万円の賃料収入が予想されるとしよう。A・B間の土地の売買金額を収益還元法で試算してみたい。

賃料収入2、000万円で5％分の金利を支払うのであるから、

売買（購入）金額は、**2、000万円÷0・05＝4億円**　となる。……………（1）

つまり、一坪400万円となる。この坪400万円というのが、銀行に支払う金利と賃料収入とが釣り合う「**理論的裏づけのある時価**」である。もし、坪400万円を超える金額で売買されたとしたら、その上回った部分の金額が、**バブル**（bubble）と呼ばれたのである。

ただ、2012年頃から外国人の爆買いが増加した。銀座・新宿・池袋……といろんな地区で爆買い風景が見られたが、私が一番スゴイと感じたのは、大阪難波の道頓堀周辺である。道頓堀周辺の商業地の平均公示価格は、平成23年地価公示で131・5万円だったのが、平成30年で265・2万円になっている。たった7年間で**倍増**である。これは、次の原理である。

①観光客および買い物客の増加 ⬇ ②より高い賃料の支払い能力がある借り手の参入 ⬇

③賃料収入の増加

もし、賃料収入として5、000万円を得ることができるようになったなら、

5、000万円÷0・05＝10億円（坪1、000万円）となる。…………………(2)

さらに、金利が5％から4％に下がったとしたら、

5、000万円÷0・04＝12・5億円（坪1、250円）となる。……………(3)

これらの1、000万円や1、250万円はバブルではなく、「理論的裏づけのある時価」と言えるであろう。また、爆買い以外に、都市計画法により、**道路幅拡大・区画整理・公園増設・電柱地中化**がなされ、街の値打ちが本当の意味で上がった場合にも、賃料や価格が高くともそこに住みたいとか店舗を出したいという人が増加するので、「理論的裏づけのある時価」が上昇する。

右記(1)、(2)および(3)の算式より、収益還元法による試算価格は、**賃料収入や金利によって大きく変動する**ことに留意すべきである。

〈設例〉ある建物を1年間賃貸したら、賃料収入が3、000万円と予想される。還元利回りが5％であるとして、収益価格はいくらと試算できるか。

3、000万円÷0・05＝60、000万円

となる。では、やや難しい論点である**土地残余法**に挑戦しよう。これは、土地の収益価格を出すもので、

① **建物および土地の償却前の純収益－建物帰属の純収益＝土地帰属純収益**

を求める。**純収益は、価格×還元利回り**で算出される。

② **土地帰属の純収益÷土地の還元利回り＝土地の収益価格**となる。

国家試験に挑戦！㉔（不動産鑑定士試験・２００６年）

次の対象不動産の収益価格を土地残余法で算定した場合、土地の収益価格として正しいものはどれか。

〈対象不動産の状況〉

建物及び土地の償却前の純収益　８億円
建物の価格　50億円
建物の還元利回り　６・０％
償却前の純収益に対応する土地の還元利回り　４・０％

1　１００億円
2　１２５億円
3　１３３億円
4　１５０億円
5　２００億円

［解答への道］

①建物およびその敷地の償却前の純収益……8億円
②建物の純収益……50億円×6・0％＝3億円
③土地の純収益……①－②＝5億円
　よって、土地の収益価格……③÷0・04＝125億円で、正解は（2）である。

8. 鑑定評価と経済法則

(1) 需要と供給の原則

一般に財の価格は、その財の需要と供給との相互関係によって定まるとともに、その価格は、また、その財の需要と供給とに影響を及ぼす。

不動産の価格もまた、その需要と供給との相互関係によって定まるのであるが、不動産は他の財と異なる自然的特性および人文的特性を有するために、その需要と供給および価格の形成には、これらの特性の反映が認められる。

すなわち、不動産（特に、土地）は、自然的特性（地理的位置の固定性、不動性、個別性等）を有しているので供給が限定されがちで、価格が上昇しても供給が増加する度合いが小さい。都心およびその周辺地域では、特にそうである。こういう土地の性質を、供給の価格弾力性が小さい、という。

(2) 変動の原則

一般の財の価格は、その価格を形成する要因の変化に伴って変動する。**不動産の価格も**、多数の価格形成要因の相互因果関係の組合せの流れである変動の過程において形成されるものである。したがって、不動産の鑑定評価に当たっては、価格形成要因が常に変動の過程にあることを認識して、価格形成要因間の相互因果関係を動的に把握すべきである。特に、不動産の最有効使用を判定するためには、この変動の過程を分析することが必要である。つまり、不動産の**現在の価格は過去の展開であり、将来を反映する変化の過程**に常にある。したがって、不動産の鑑定評価に当たっては、価格形成要因の変動の中で、価格判定基準日の確定が必要であり、これを**価格時点**という。たとえば、地価公示の価格時点は、毎年1月1日である。

(3) 代替の原則

代替性を有する2つ以上の財が存在する場合には、これらの財の価格は、相互に影響を及ぼして定まる。**不動産の価格も**、代替可能な他の不動産または財の価格と相互に関連して形成される。

たとえば、新宿の土地と池袋の土地は代替関係にあり、相互に影響を及ぼして定まる。また、不動産投資と株式や金・プラチナ・黒真珠等の貴金属への投資も代替関係にある。

(4) 最有効使用の原則

不動産の価格は、その不動産の効用が最高度に発揮される可能性に最も富む使用(以下「**最有効使用**」という)を前提として把握される価格を標準として形成される。この場合の最有効使用は、現実の社会経済情勢の下で客観的にみて、良識と通常の使用能力を持つ人による**合理的かつ合法的な最高最善の使用方法**に基づくものである。

なお、ある不動産についての現実の使用方法は、必ずしも最有効使用に基づいているものではなく、不合理なまたは個人的な事情による使用方法のために、当該不動産が十分な効用を発揮していない場合があることに留意すべきである。

不動産(特に土地)は、用途の多様性という人文的特性を有するため、同一不動産について、異なる使用方法を前提とした需要が競合する。たとえば、ある土地に対して、Aは超高層ビル、Bはマンション、Cは一戸建住宅を建築したいと考え、購入を希望したとしよう。そして、その土地が東京駅前の土地だとしたら、相当高い金額を提示しないと、手に入れることができない。最も高い金額を提示できるのは、A? B? C? ……そう、Aである。高い金額を提示できるのは、その不動産を利用することによる収益性または快適性等が最大となるような最高最善の使用方法、すなわちその不動産の最有効使用を前提とした場合に限られる。それがAであり、東京駅前の土地の最有効使用は、超高層ビルの建築である。しかしながら、「超高層ビルが最有効使用だから、1,000メートルのビルを建築しよう!」という考えは、容積率制限や高さ制限違反となる。法律の範囲内でなければならない。

(5) 均衡の原則

不動産の収益性または快適性が最高度に発揮されるためには、その構成要素の組合せが均衡を得ていることが必要である。したがって、不動産の最有効使用を判定するためには、この均衡を得ているかどうかを分析することが必要である。

たとえば、「建物およびその敷地」に関して、敷地内における建物の配置が合理性を欠く場合や、敷地の許容建蔽率または容積率を適切に満たしていない場合等は、建物と敷地が均衡の状態にあるとは言い難い。すなわち、最有効使用の状態とは言えない。

(6) 収益逓増および逓減の原則

ある単位投資額を継続的に増加させると、これに伴って総収益は増加する。しかし、増加させる単位投資額に対応する収益は、ある点までは増加するが、その後は減少する。この原則は、**不動産に対する追加投資の場合についても同様**である。

たとえば、ある更地に賃貸ビルを建てる場合、「**何階建てが収益最大となるか**」を考えなければならない。確かに、1階建てより、2階建て3階建てのほうが収益は増加するであろう。しかしながら階数を増やせばいいというものではない。**空室率が上昇**するし、**管理費や固定資産税が増加**する。追加した単位投資額（本ケースだと1フロアー高くする）に対応する収益が逓増から逓減に転換する局面において最大となることから、その時点で、その投資対象である不動産の最有効使用が実現される。

(7) 収益配分の原則

土地、資本、労働および経営（組織）の各要素の結合によって生ずる総収益は、これらの各要素に配分される。したがって、このような総収益のうち、資本、労働および経営（組織）に配分される部分以外の部分は、それぞれの配分が正しく行われる限り、土地に帰属するものである。

通常、土地単独では収益を生み出さず、他の生産要素と結合することによって収益を生み出す。たとえば、ある「土地」を賃借して、銀行から金を借りて、または株主からの金で（資本）、会社を立ち上げ、従業員を雇い（労働）、収益事業を行うとする。総収益は、収益獲得の貢献度に応じ、資本に対しては利子または配当として、労働に対しては賃金として、経営（者）に対しては報酬として、土地に対しては地代として、それぞれ配分される。

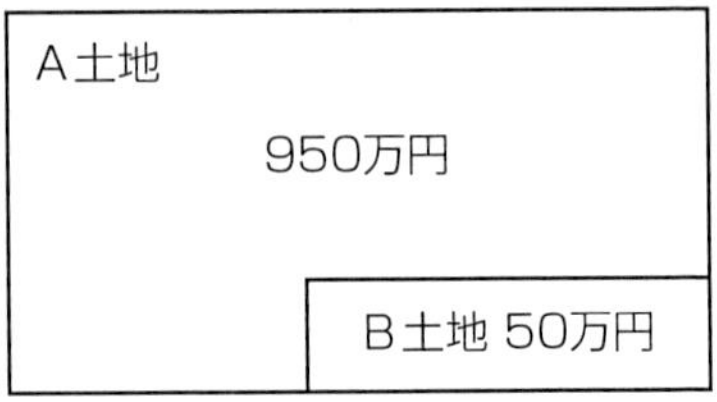

(8) 寄与の原則

不動産のある部分がその不動産全体の収益獲得に寄与する度合は、その不動産全体の価格に影響を及ぼす。この原則は、不動産の最有効使用の判定に当たっての不動産の**追加投資の適否の判定**等に有用である。

たとえば、不整形なA土地を隣接地のB土地を買収することによって整形な土地にする場合を考える。この場合の追加投資額は、50万円。A土地とB土地が合筆されると、1、200万円前後の価格になると予想される。すなわち、追加投資額（50万円）＜経済価値の増分（1、200万円－950万円＝250万円）となり、当該追加投資は合理的と判断される。

図表4－3

A土地 950万円	
	B土地 50万円

(9) 適合の原則

不動産の収益性または快適性が最高度に発揮されるためには、当該不動産がその環境に**適合**していることが必要である。したがって、不動産の最有効使用を判定するためには、当該不動産が環境に適合しているかどうかを分析することが必要である。

たとえば、ある所に素敵な家があるとする。外観はもちろん、耐震性や省エネ性を備えた高級住宅である。しかしながら、周辺は工場が多く、空気の汚染が気になる状況であれば、問題である。この建物および敷地は、環境に適合していない。そして、最有効使用の状態にはないと判定できる。

(10) 競争の原則

一般に、超過利潤は競争を惹起し、競争は超過利潤を減少させ、終局的にはこれを消滅させる傾向を持つ。**不動産についても、**その利用による超過利潤を求めて、不動産相互間または他の財との間において競争関係が認められ、したがって不動産の価格は、このような競争の過程において形成される。

要するに、儲かっている分野に人は参入するが、やがて超過利潤は減少し、最後には消滅する。

(11) 予測の原則

財の価格は、その財の将来の収益性等についての予測を反映して定まる。**不動産の価格も、**価格形成要因の変動についての市場参加者による予測によって左右される。

たとえば、敷地面積の狭いゴミゴミした低層住宅の区域で市街地再開発事業の都市計画が決定すれば、当該地域では土地の形が整形化され、道路が拡張され、公園が設置され、地価が上がることが予測され、有効需要が増加し、土地の価格が上がる。

国家試験にチャレンジ！㉕（不動産鑑定士試験・２００９年）

不動産の価格に関する諸原則のうち、不動産の鑑定評価に固有の原則を掲げた組合せは次のうちどれか。

1 最有効使用の原則・均衡の原則・適合の原則
2 最有効使用の原則・均衡の原則・予測の原則
3 最有効使用の原則・変動の原則・予測の原則
4 最有効使用の原則・変動の原則・適合の原則
5 最有効使用の原則・適合の原則・予測の原則

正解は、１である。

9. 地域分析

①その対象不動産（鑑定評価をしようとする不動産）がどのような地域に存するか、②その地域はどのような特性を有するか、また、③対象不動産に係る市場はどのような特性を有するか、および④それらの特性は、その地域内の不動産の利用形態と価格形成について全般的にどのような影響力を持っているかを分析し、判定することをいう。

図表4－4

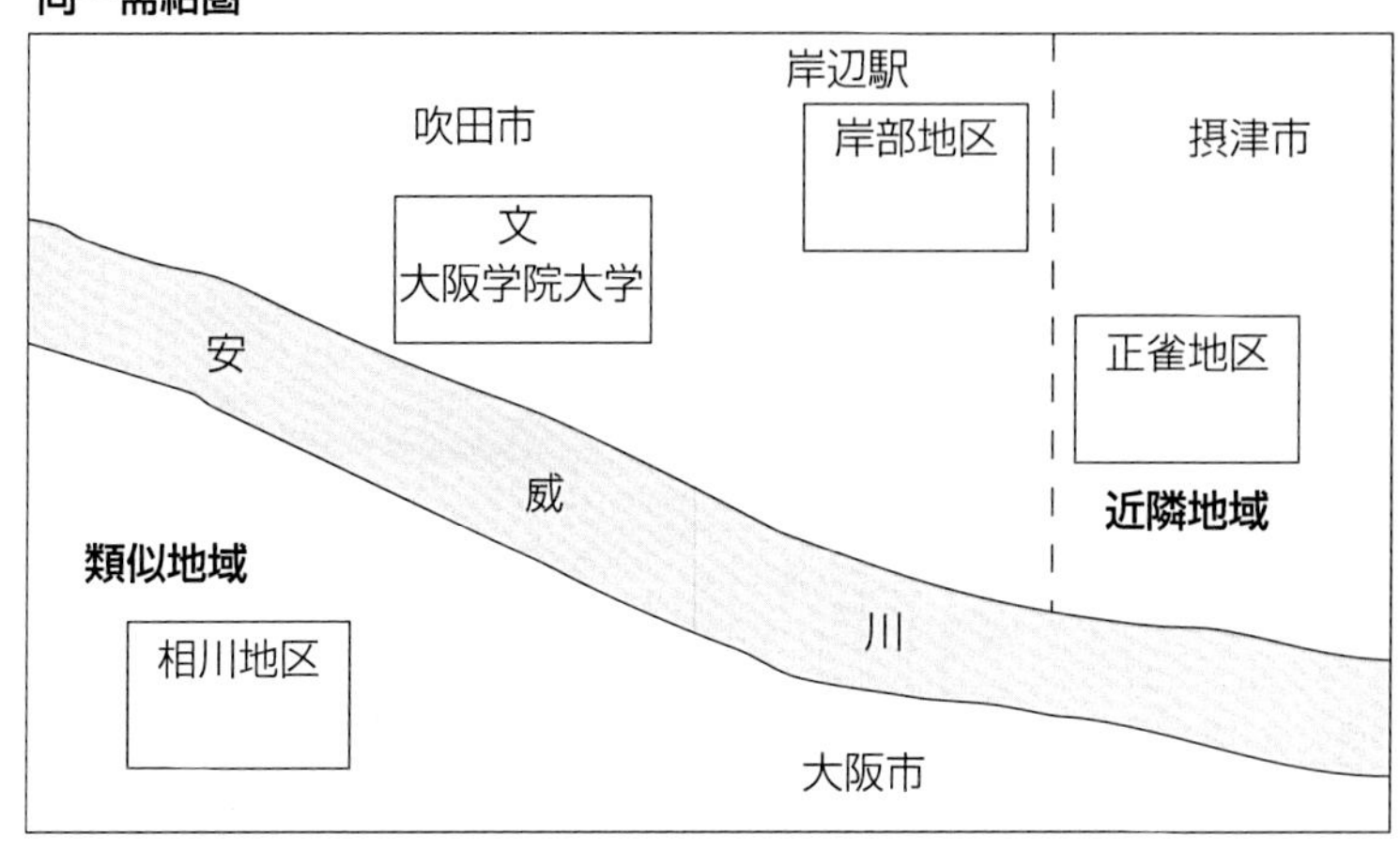

地域分析に当たって特に重要な地域は、**近隣地域**、**類似地域**および、**同一需給圏**という発想が大切である。

たとえば、ある人が私の勤める大阪学院大学に合格して、下宿を探すとしよう。まずは、大学の近くの岸辺駅周辺で探すであろう。岸部地区（駅名は岸辺、地域名は岸部）でいい物件がないときは、近くの正雀地区で探すことになる。そして、正雀地区にもいい物件がない、または、大学の近くは友達のたまり場にされるから嫌だという人は、少し遠いが、安威川（あいがわ、または、あいかわ）を渡った所にある相川地区で探すことが多い（図表4－4）。要するに、岸部地区、正雀地区および相川地区は、**不動産を賃借したり購入する際に代替関係**にある。岸部地区からみて、正雀地区は近隣地域とされる。また、こ

図表４－５　岸部周辺の土地利用の歴史

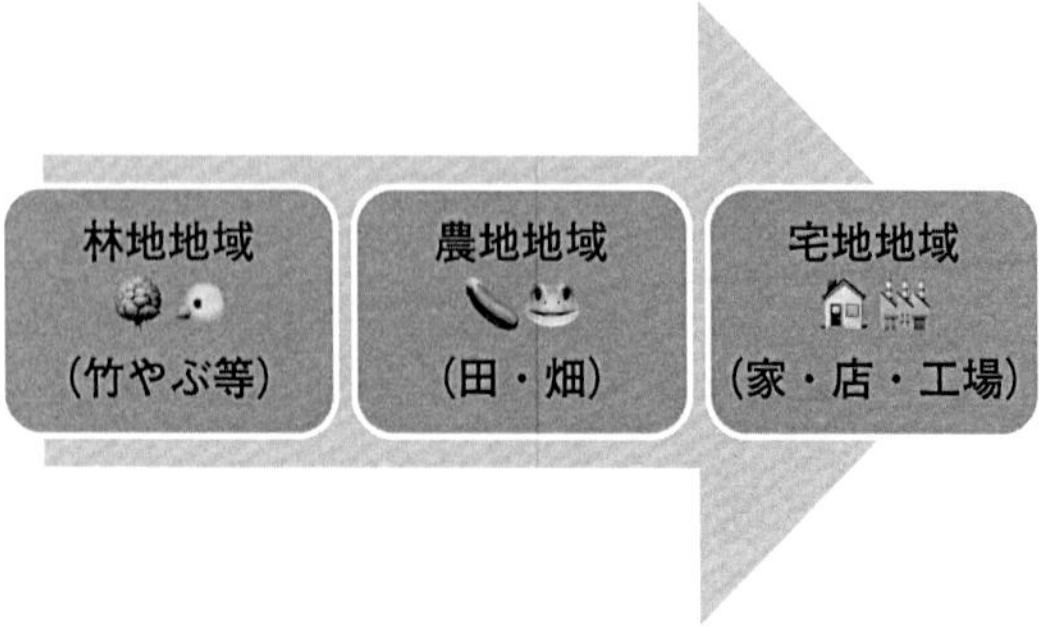

林地地域（竹やぶ等）→ 農地地域（田・畑）→ 宅地地域（家・店・工場）

れら3地区をひっくるめて同一需給圏という。不動産の鑑定評価においては、地域分析すなわちフィールドワークが大切なのである。「路地裏探検や歴史が好き」という方に向いている職業かもしれない。

吹田市岸部周辺はもともと湿地で竹やぶが生い茂っていた。その後、徐々に農地に変遷する過程で１９７０年の万博開催都市に決定され、竹やぶや農地は宅地化されていった（図表4-5）。

10. 岸部周辺の地質

下記の写真（北から南を撮影したもの）を見ていくと、安威川の向こうに大規模団地（大阪市）がある。人口が多いのに最寄りの阪急相川駅が遠く不便だったが、地下鉄の**駅ができて、地価が上昇**した。安威川は**天井川**で洪水の心配がある。もしもの時の避難場所が、大阪学院大学だ（写真中央・吹田市）。川の両側は、**自然堤防**で比較的地盤が固い。なお、**川により地域の連続性が分断**されている。川のこちら側は**後背低地（湿地）**で、今も田畑が残っている。大学の北は、比較的地盤が固い**扇状地**で、ＪＲ岸辺駅がある。駅の北側はさらに地盤が固い**台地**で太陽の塔がある**丘陵地**に通じている。

図表4－6　海抜のイメージ

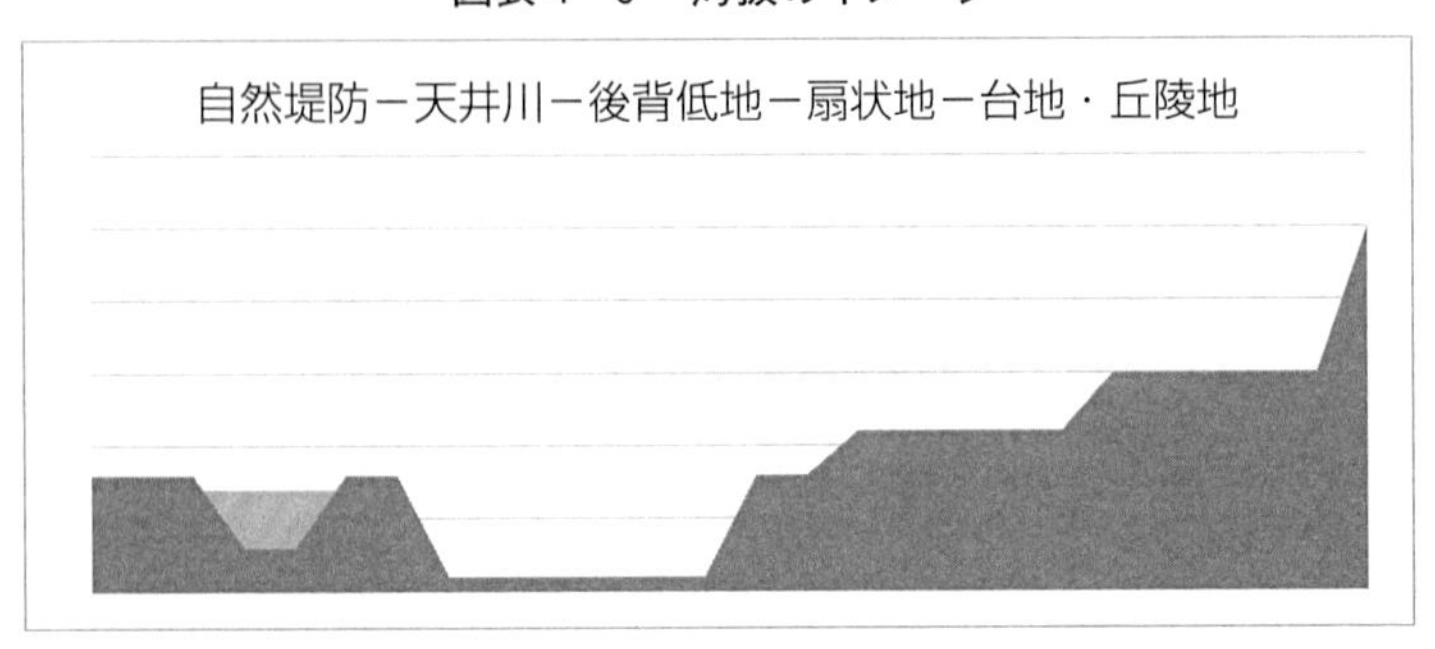

専門用語❶ 天井川 ➡ 川床が河川両側の平地面より高い河川のこと

専門用語❷ 自然堤防 ➡ 上流から運ばれてきた砂礫が河岸に堆積した微高地

専門用語❸ 後背低地（湿地） ➡ 上流から運ばれてきた泥・粘土等が堆積した低地

専門用語❹ 扇状地 ➡ 川が山地から平地へ流れ出る所にできた扇形に砂礫が堆積された地形

専門用語❺ 丘陵地・台地 ➡ 前者は標高がおおむね300m以下の比較的なだらかな地形で、後者は前者より標高が低くより平らに続く地形

専門用語❻ 旧河道 ➡ 蛇行で水害が多発する川で、川を直線に改修した後の、元の川の流れ等

図表4－7　地域マトリックスによるまとめ

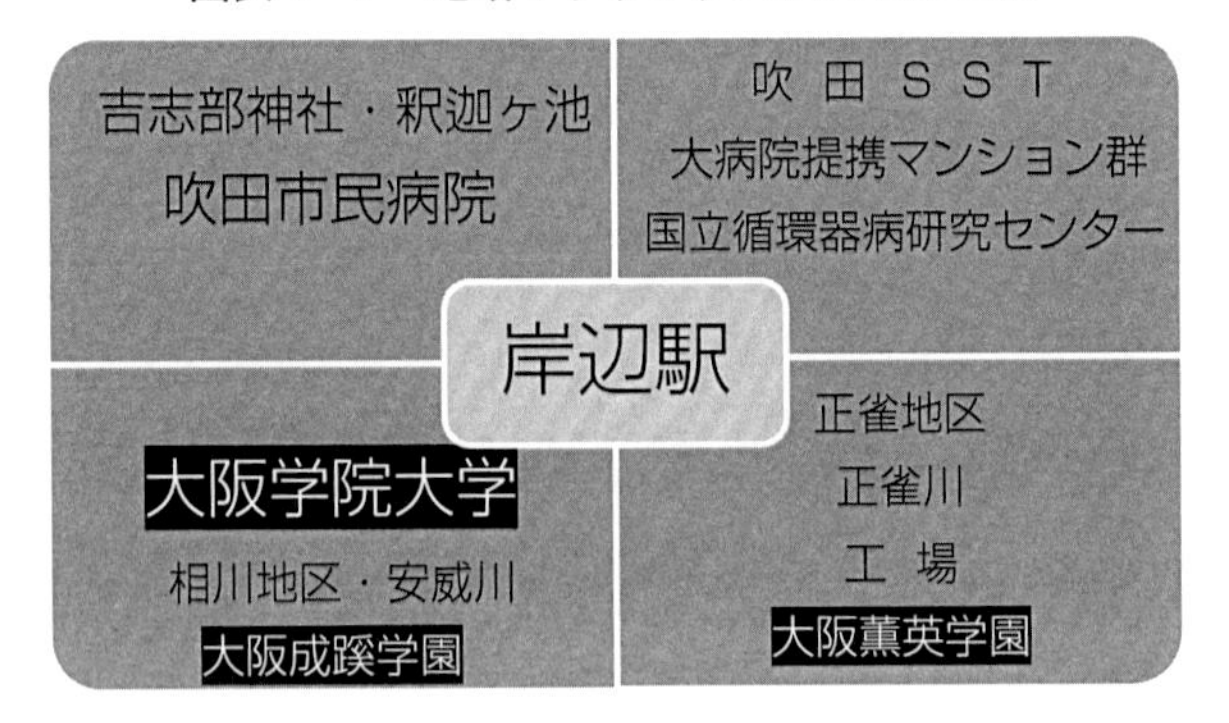

11. 鑑定評価と地価公示

土地は一般の商品のように頻繁に取引されず、世の中にまったく同じものが2つとないという特性がある。また、取引する人の事情や動機によって価格が左右される。そのため、**「土地の適正な価格はいくらか？」**が、一般人にはわかりにくい。

そこで、国土交通省の**土地鑑定委員会**が、全国の**標準地**（**自然的条件**および**社会的条件**からみて類似の**利用価値**を有すると認められる地域において、土地の利用状況、環境等が通常と認められる一団の土地について選定をし（**公示区域内**の約26,000地点の土地）、2人以上の不動産鑑定士の鑑定評価を求め、それを審査・調整して、特殊事情等がない自由な取引において通常成立すると考えられる価格（単位面積当たりの**正常な価格**）を公示し、一般人が土地取引を行う際に、この公示価格を**「土地の適正な価格を判断する目安」**として活用できるようにしている。

また、公示価格は、不動産鑑定士による不動産の鑑定評価のよりどころになり、さらに、相続税および固定資産税の評価や企業会計における不動産の時価評価等にも活用されている。

国家試験にチャレンジ！㉖（不動産鑑定士試験・2012年）

次の説明は地価公示法に関する記述である。空欄に入る語句として正しいものの組合せはどれか。

土地鑑定委員会は、（イ）内の標準地について、毎年1回、2人以上の不動産鑑定士の鑑定評価を求め、その結果を審査し、必要な調整を行って、一定の基準日における当該標準地の単位面積当たりの（ロ）を判定し、これを公示する。

標準地は、土地鑑定委員会が、（ハ）及び社会的条件からみて類似の（ニ）を有すると認められる地域において、土地の利用状況、環境等が通常と認められる一団の土地について選定する。

	イ	ロ	ハ	ニ
1	公示区域	市場価格	行政的	利用価値
2	都市計画区域	市場価格	行政的	経済価値
3	都市計画区域	市場価格	自然的	利用価値
4	公示区域	正常な価格	自然的	経済価値
5	公示区域	正常な価格	自然的	利用価値

正解は、5である。

第5章 2025年大阪・関西万博への都市計画

2025年大阪・関西万博のテーマは、「**いのち輝く未来社会のデザイン**」であり、カーボンニュートラル・再生可能エネルギー・デジタル技術の活用・空飛ぶクルマ・予防医学・代替肉、そして、瞬間翻訳機により言葉の壁を破り、**未来社会のショーケース**を目指す。

1. われわれにとって一番大切なこと

命、そして、単なる長生きではなく、**健康寿命**をのばすことである。そのため、「**医・食・住**」がキーワードとなる。

図表5-1　万博関係の大阪の都市計画の流れ

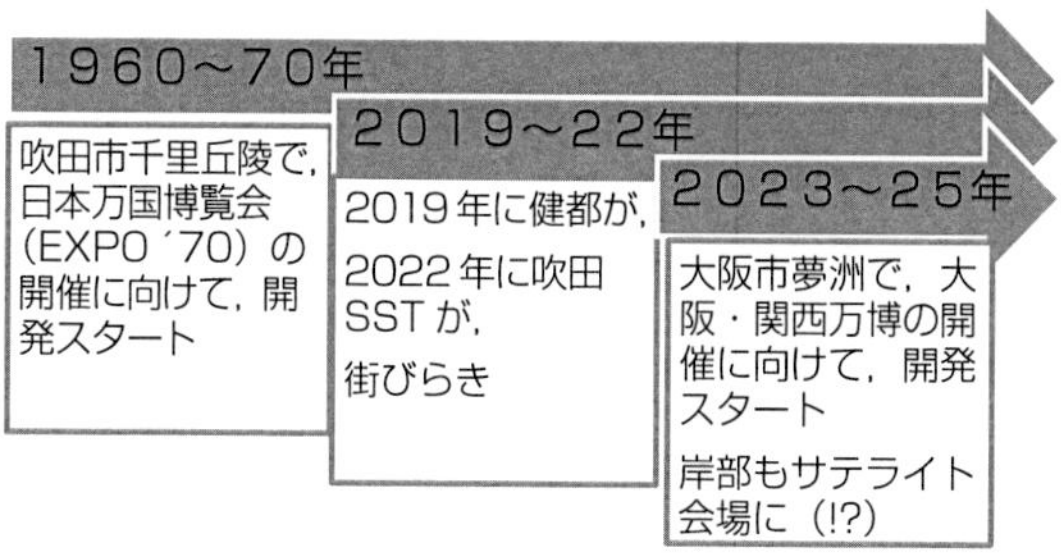

1960～70年	2019～22年	2023～25年
吹田市千里丘陵で，日本万国博覧会（EXPO´70）の開催に向けて，開発スタート	2019年に健都が， 2022年に吹田SSTが， 街びらき	大阪市夢洲で，大阪・関西万博の開催に向けて，開発スタート 岸部もサテライト会場に（!?）

2. 健都（北大阪健康医療都市）

国立循環器病研究センター・吹田市民病院・近鉄不動産（日本初の国循との提携マンション）による安心できる街が完成した**（建築中の健都を大阪学院大学から望む・2018年2月15日・左ページ上の写真）**。

3. 吹田SST（Sustainable Smart Town）

2022年4月29日、ゲリラ豪雨の日に、**吹田SSTの街びらき**があった**（左ページ下の写真）**。パナソニック（株）の工場だった23，465㎡の敷地が、**サステナブルで、SDGsが達成できるスマートタウン**となった。後藤圭二吹田市長による「これからの吹田市にほんまに必要な100の約束」の71番目の公約が実現した。

わが国のニュータウンの多くが人口減少にあえいでいるのは、①**同世代**が入居したため高齢化が進んだ。②都心から**遠い**ため不便だから、である。吹田SSTは、**さまざまな世代**の方々が住むので、**自助・共助**の実現が可能で、駅近のため**車が不要なコンパクトシティ**である。**「次世代型・医・食・住を追求した街」**として、**世界に誇れる街**である。

Suita SST

専門用語❶ サステナブル ⬇ sustain（持続する）＋ able（可能）で、持続可能な

専門用語❷ SDGs ⬇（Sustainable Development Goals）持続可能な開発目標

専門用語❸ スマートタウン（シティ）⬇ 都市が抱える諸課題に対し、ＩＣＴ（情報通信技術）等の新技術を活用しつつ、マネジメント（計画、整備、管理・運営等）が行われ、全体最適化が図られる持続可能な都市または地区（国土交通省が２０１９年にまとめた定義）

専門用語❹ 自助・共助・公助 ⬇ 自助とは自らの命を守るため日頃から備えること、共助とは地域の自治会等が日頃からコミュニティの維持発展に取り組む等いざという時に支え合うこと、公助とは自治体等が災害時に住民の安全確保のため日頃から仕組みをつくること

専門用語❺ コンパクトシティ ⬇ 住まい、職場、学校、病院、遊び場などさまざまな機能を、都市中心部にコンパクトに集めることで、自動車に頼らず、歩いて生活できるまち（青森市ＨＰ）

専門家からのコメント❶　T・Yさん（大手デベロッパー勤務）

商業施設の開発等のまちづくりの仕事をしています。昔、ショッピングモールのトイレに入ると使い勝手が悪く、「男性が設計したのだろうなぁ」と感じました。消費の8割は女性に決定権があるとされているので、私は出産等の実体験を通じて女性に優しい設計や改善を心掛けています。

4．筆者の人体実験〜医・食・住の観点から

筆者は、**AIによる発病可能性診断**（要は、統計学）を受け、左記の判定を得た。**予防医学の魁**（さきがけ）であろう。

「相川眞一様が5年以内に糖尿病・肝炎になる確率は、80％以上です」

これではいけないと思い、素人なりに左記のことを考えた。

⑴　最高の住宅に住む

①　海が見える家

風水の権威の方から「南側に海を見渡せる部屋がいい。東京湾または大阪湾が見渡すこと

ができるタワーマンションなら、さらにいい」とアドバイスを受けて購入した（第6章写真6-8）。バルコニーから万博会場の夢洲が見える。

②部屋の温度差の少ない家

冬場は、居室と廊下や浴室等で温度差があると、血圧の乱高下による循環器疾患（**ヒートショック**等）が起こる可能性がある。

③床や天井等に木材を適度に使用した家

見た目や香りによるリラックス効果で熟睡できる。

④シックハウス症候群対策（ex. 24時間換気）をした家

⑤中古住宅の場合は**アスベスト**が使用されていないかをチェック（現在は使用禁止）

専門用語❻ シックハウス症候群 ➡ 新築建物の建築材料、接着剤等から発する化学物質が室内を汚染することで、人に健康被害が生じること

(2) **最高の朝食を摂る**

朝食がその日のパフォーマンスを決定すると考え、食生活の改善をした。トースト・ジャム・フルーツというメニューから、医師の指導で左記のように変更した（**爽やかな横浜スタジアムを見下ろしながらの朝食**）。

野菜サラダ（キャベツ・トマト・レタス・ブロッコリー）・黒豚焼売・鮭とチンゲン菜の

図表5－2　達成目標

野　菜 ➡	以前の2倍増
肉・魚 ➡	以前の1.5倍増
お　米 ➡	以前の40%減
パ　ン ➡	以前の80%減
お菓子 ➡	チョコレート以外は、以前の80%減

和え物・豆腐ハンバーグ・納豆・山芋・卵焼き・人参とコンニャクの煮つけ・シジミの味噌汁

デザート：R-1ヨーグルト（無糖）・コーヒー（無糖）

(3) 健康診断結果

専門用語❼ 予防医学（preventive medicine）➡ 健康障害の予防および進展の防止等を図る医学

病気になってから治療するより、なるべく病気にならず健康寿命を伸ばすほうが、金銭的負担が小さく経済効果が大きい、ということである。

専門家からのコメント❷　N・T先生（医師）

一般論として、生活習慣病の予防・治療には、食生活をはじめ、生活習慣の改善が重要です。そういう意味で、相川准教授の「バランスの良い食事を適量とる」という人体実験は、理にかなったものと考えられます。ただ、健康というものは一朝一夕で達成できるものではなく、ＳＤＧｓと同様、継続的な取り組みが必要であると考えます。

図表５－３　４カ月後の健康診断結果（＊：正常範囲）

	2022年2月	2022年6月	（参考）正常値
HDL コレステロール	37	41＊	40〜
LDL コレステロール	159	128	60〜119
AST	54	27＊	〜30
ALT	90	55	〜30
γ-GT	134	49＊	〜50
血糖値	99	98＊	〜99
ヘモグロビン A1C	6.4	5.8＊	〜5.9

図表５－４　死亡最多年齢等（注１）

	死亡最多年齢	平均寿命	健康寿命	90歳時生存率
男性	88歳	81.64歳	72.68歳	28.4%
女性	92歳	87.74歳	75.38歳	52.5%

5. 地球温暖化防止に向けて

1992年、リオデジャネイロで**地球サミット（国連環境開発会議）**があり、温暖化や森林破壊等が話し合われた。この時、**気候変動枠組条約**（いわゆる、地球温暖化防止条約）が締結された。

1997年、この気候変動枠組条約に基づいて具体的なルールを定められたのが**京都議定書**(注2)で、さらに、2015年、京都議定書をバトンタッチする形で**パリ協定**が締結された。

2015年、**SDGs**が国連総会で採択された。持続可能な開発のための左記の**17の国際目標**である。

1. 貧困をなくそう　2. 飢餓をゼロに　3. すべての人に健康と福祉を　4. 質の高い教育をみんなに　**5. ジェンダー平等を実現しよう　6. 安全な水とトイレを世界中に　7. エネルギーをみんなに、そしてクリーンに　8. 働きがいも経済成長も**　9. 産業と技術革新の基盤をつくろう　10. 人や国の不平等をなくそう　**11. 住み続けられるまちづくりを**　12. つくる責任　つかう責任　13. 気候変動に具

図表5－5

	パリ協定	京都議定書
時　期	2020年以降	2020年まで
対象国	世界中の参加国	先進国だけ
義　務	目標提出義務	目標達成義務

体的対策を　14．海の豊かさを守ろう　15．陸の豊かさも守ろう　16．平和と公正をすべての人に　17．パートナーシップで目標を達成しよう

5・6・7・8・11は、不動産業と深く関係する。特に5は、**宅地建物取引士の資格があれば男女の賃金格差はほぼ無い。**

地球温暖化により、ゲリラ豪雨・森林火災・海面上昇・干ばつ・感染症の増大が発生していると考えられる。CO_2・メタンガス等の温室効果ガスの増加が原因だ。政府は、「2050年までに、**温室効果ガスの排出を全体としてゼロにする**」と宣言した。

専門用語❽ カーボンニュートラル（カーボンゼロ）⬇（carbon neutral）CO_2・メタンガス（ex．牛のげっぷ等）等の温室効果ガス－（マイナス）森林CO_2等吸収量＝ゼロにすること

6．次世代型不動産業

仕事先からマンションに帰り、ドア横のレントゲン室のような設備に身体をかざすと、AIが「あなたは数日以内に心筋梗塞を発症します。今すぐ提携病院に入院して下さい」と診断…　このような**次世代型AI健康住宅**が近い将来実現すると、筆者は推定する（万博でお披露目？）。

専門用語❾ **次世代型AI健康住宅** ⬇ **マンション＋病院＋AIのコラボの住宅（ただし予測）**

都心の住宅（**職住近接**）はもちろん、テレワークや週休3日制導入で郊外の広めの住宅（**職住融合**）も人気が出る。

資源エネルギー庁の資料によると、日本のエネルギー消費量は、オイルショックが起きた1973年と2017年を比較すると、たった1・2倍にしか増加していない。しかしながら、住宅に限れば2・0倍になっている。政府は、**ネット・ゼロ・エネルギー・ハウス（ZEH）**の大幅普及達成を目指している。

専門用語❿ **ZEH**（**net Zero Energy House・ゼッチ**）⬇ **太陽光パネルで電気を生み出しながら、外壁や壁の断熱性を高め、省エネ家電を使うことでカーボンニュートラル達成を目標とする住宅。ヒートショックを起こしにくい。補助金制度あり**

図表5－6

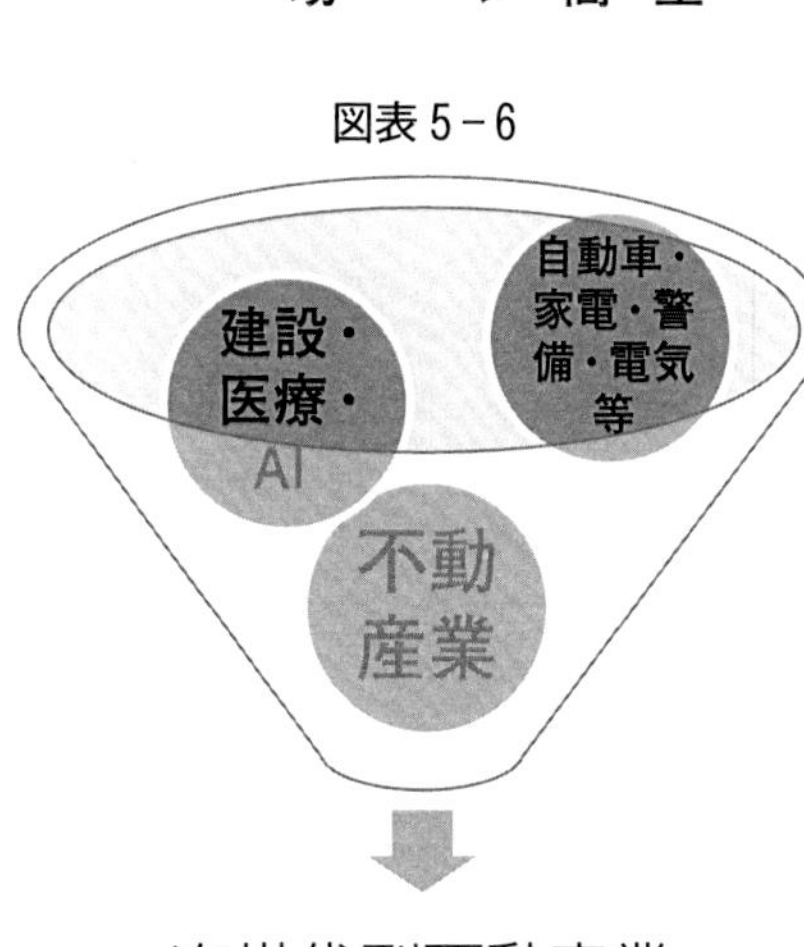

7. 中高層木造建築物が未来都市を創造する

最近、中高層木造のビルが増えているのをご存知だろうか。木造建築物が見直されている。なぜか？　森林に左記の効果があるからである、

(1) CO_2を吸収し酸素を出す。(2) 製造時に発生するCO_2が鉄やコンクリートに比し少ない。(3) リラックス効果がある。(4) 国産材使用で運搬時のCO_2を抑制できる。(5) 利用の拡大は2050年カーボンニュートラル実現に貢献する。(6) 地方の地域経済活性化に貢献する。(7) 水源のかん養をする。(8) 土砂災害を防止する。(9) 山の幸を供給する。(10) 保養の場を提供する。

2021年10月1日、**「脱炭素社会の実現に資する等のための建築物等における木材の利用の促進に関する法律」**が施行された。この法律は、木材の活用を通して低炭素社会を実現するために制定された。2025年大阪・関西万博の大屋根は世界最大級の木造建築（建築面積6万㎡）であり、通路として使用すれば瀬戸内海の風景を楽しめる。

ところで、**ウッドショックに加え**、ロシアのウクライナ侵攻で世界的に木材が不足している。さぁ、どうすればいいか？　そう、国産材である。**住友林業は、日本の国土面積の800分の1の社有林を所有**している。東京五輪のメイン会場である国立競技場建設に使用した

木材は住友林業が提供し、大成建設が施工している。ただ、喫緊の課題は、不足している**林業従事者・木造建築士等の育成**である。

専門用語⓫ ウッドショック（wood shock）➡世界的な需給ひっ迫による木材価格高騰による大きな混乱の状況

8．大阪・関西万博のアクションプラン公表

2021年12月24日、大阪・関西万博で最新技術を**実装**するため、各省庁が取り組む項目や実現目標のスケジュールを記した**アクションプラン**を公表した。1970年万博と2025年万博で実装例は左表のようになる。

筆者は、1970年、小学校の修学旅行で日本万国博覧会に行った際、電気通信館（日本電信電話公社・現NTT）で携帯電話を体験した。スーパージェッター（TBS）の世界に入ったような体験だった。それが今はどうだ。ほとんどの人が携帯電話を所有している。万博は未来社会のショーケース、万博会場で流行ったことがいずれ人類の進歩を押し進め

図表5－7

1970年万博 （吹田市）	2025年万博 （大阪市）
・携帯電話 ・原子力発電 ・動く歩道 ・人間洗濯機	・空飛ぶクルマ ・アンモニア発電・水素発電 ・AI 翻訳 ・代替肉、完全栄養食等のフードテック

ることになる。今回の万博の注目の一つが**空飛ぶクルマ（電動垂直離着陸機）**である。

2022年開催の「空の移動革命に向けた官民協議会」（経済産業省・国土交通省）で、図表5-8の**路線**が公表された。

2022年3月に大阪府が公表した大阪版ロードマップによると、当初はパイロットが操縦し、2030年にはパイロット無しの遠隔操作が可能になる。矢野研究所の調査結果によると、この空飛ぶクルマの市場規模は、2025年で146億円、2030年で6兆円に成長するという。筆者のマンションから電車で夢洲へ移動すると150分もかかる。**空飛ぶクルマなら神戸市都心からたった15分（タイパの切り札）**だそうだ。

図表5-8

伊丹空港 神戸市内 神戸空港	京都 伊勢志摩
淡路島 関西国際空港	大阪市内 大阪湾岸部

（中央：夢洲）

また、夢洲に来たお客様へのおもてなしに、関西全域の自治体が連携すべきだ。特に、京都・奈良の古都が鍵を握る。**都倉俊一文化庁長官**は、**ナイトタイムエコノミー**の重要性を訴える。（注3）まさに「わが意を得たり」である。筆者は、奈良県庁の専門委員をしているが、都市計画に関し「奈良は店や美術館の閉館が早すぎる。遅くまで営業し、お客様に食事、鑑賞、夜景を楽しんでもらい、奈良市内のホテルに泊まってもらうべきだ」と申し上げた。

専門用語⑫ ナイトタイムエコノミー（night time economy）➡ 夜間の経済活動で、地域の

魅力や文化を発信し、消費を拡大する考え方

専門用語⑬ 実装 ➡ 既に実用化されている技術を万博で実際に使い、社会的意義を周知すること

専門用語⑭ 実証 ➡ まだ実用化されていない未来の技術を試験的に運用し、社会的認知を得ること

専門用語⑮ 電動垂直離着陸機 (vertical take-off and landing aircraft) ➡ 全く滑走しないで垂直方向に離着陸する航空機

専門用語⑯ タイパ (time peformance) ➡ 時間に対する成果や満足度で、短時間で物事を解決・達成するほうが望ましいとする時間優先の考え方。コストパフォーマンスを時間に置き換えたもの

9. 万博に向けての喫煙所

2022年11月、大阪市の松井一郎市長は、2025年1月を目途に梅田等6カ所の路上喫煙禁止地区を、市内全域に拡大する方針を示した。飲食店等の禁煙強化で屋外に押し出された「喫煙ジプシー」が増加したためである。市の喫煙所を現在の6カ所から120カ所に増加させるというが、120カ所という数に根拠があるのか。都市別喫煙率を調べてみた。(注4)

図表５－９　主要都市別喫煙率（%）

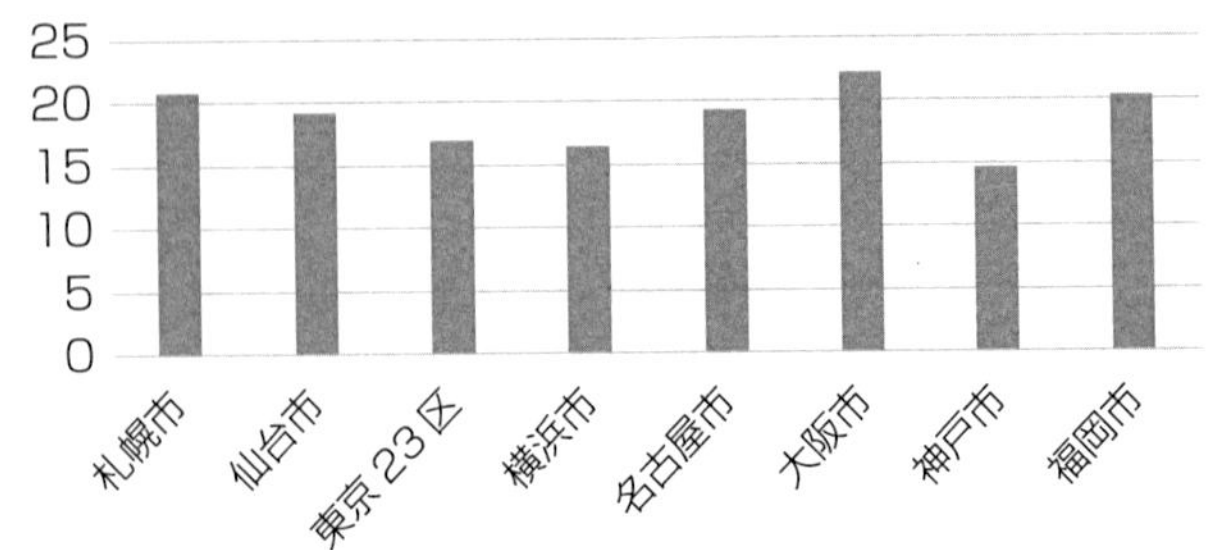

図表５－10　アメリカ合衆国・性別喫煙率（注５）

性　別	喫煙率
男性	15.6%（日本は27.1%）
女性	13.5%（日本は7.6%）

図表５－11　アメリカ合衆国・年収別喫煙率

年　収	喫煙率
20万ドル以上	5.4%
10～20万ドル未満	8.1%
5～10万ドル未満	12.3%
3.5～5万ドル未満	16.7%
2.5～3.5万ドル未満	20.6%
1.5～2.5万ドル未満	24.5%
1.5万ドル未満	30.2%

大阪市民は神戸市民より約50%も喫煙率が高い。すなわち、神戸市で１００カ所設置すべきなら大阪市では１５０カ所設置すべきかもしれない。ちなみに、米国では、図表５－10・11のような統計がある

日本でも、アメリカほどではないが、年収が高いと喫煙率が下がると考えられている。

10．金融政策修正か？

２０２２年12月、黒田東彦日銀総裁が、「長期金利の上限を０・25％から０・５％へ引き上げる」と表明した。これにより金利が上昇した場合、左記のことが起こる可能性がある。

・家計🏠⬇固定金利を中心に住宅ローンの金利上昇😖
・企業¥⬇借入金の金利上昇・円高で輸出産業は売上減😖、輸入産業は売上増😊
・政府🏢⬇政府の借金（**国債**）の金利上昇😖

専門用語⑰ 金融政策⬇中央銀行が市中銀行にお金を貸し出すときの金利を変動させることで一国の経済市場を動かす政策

専門用語⑱ 財政政策⬇経済を刺激するために財政を用いて需要を生む政策で、国債発行による公共事業の実施や減税による負担軽減等

11．所有者不明土地対策

２０２３年４月27日、相続等で取得した土地の所有権を、一定要件下で国に移転申請できる制度を定めた法律（**相続土地国庫帰属法**）が施行された。不要な土地を持っていても固定資産税や管理費がかかるからである。ただ、左記の土地は引き取ってくれない。

(1)建物がある。(2)抵当権等が設定されている。(3)樹木等がある。(4)隣人とトラブルがある。その他。さらに、申請が承認されても、10年分の管理費相当額を支払う義務がある。

しかしながら、かなりハードルが高い。老後の生活資金の確保と自宅の処分問題に頭を抱える人には、左記の2つ方法がある。

専門用語⑲ **リバースモーゲージ** ➡ **自宅を担保にお金を借り、利息を支払いながら住み、死んだら自宅を売って借りたお金を返済すること**

専門用語⑳ **リースバック** ➡ **自宅を売ってお金を得て、家賃を払ってそのまま自宅に住むこと**

なお、どちらも、不動産価格の5~7割のお

図表5-12

	リバースモーゲージ	リースバック
自宅所有権	あ　り	な　し
契約形態	金銭消費貸借契約 (死後、売買契約)	売買契約 定期借家契約
支払うお金	利息(相続時に一括返済)	家　賃
メリット	・住み慣れた自宅に住み続けることができる ・査定価格内で必要な金額だけ借りることができる	・住み慣れた自宅に住み続けることができる ・固定資産税や修繕費が不要 ・マンションもOK
デメリット	・連帯保証人が必要 ・マンションは不可	・家賃が高い ・定期借家契約の期間満了で明渡しが原則

金が入るとされている。ただ、リースバックは、最近トラブルが増加している。

2024年4月1日より、相続開始から3年以内に土地・建物の**相続登記の義務化**がなされる（**改正不動産登記法**）。**相続土地国庫帰属法**および本法により、所有者不明土地対策が本格化するであろう。これら2つは、「所有者は土地を適正に管理する責務を有する」という2020年に改正された土地基本法第6条を具現化するものである。

12. 土砂災害特別警戒区域が目に見えて増加

ゲリラ豪雨等で土砂災害が増加しつつある。2022年度の都市計画法改正で規制が強化され、山手のいわゆる高級住宅街等が**土砂災害警戒区域（イエローゾーン）**または**土砂災害特別警戒区域（レッドゾーン**

図表5-13　土砂災害警戒区域等指定状況（各年度末時点）

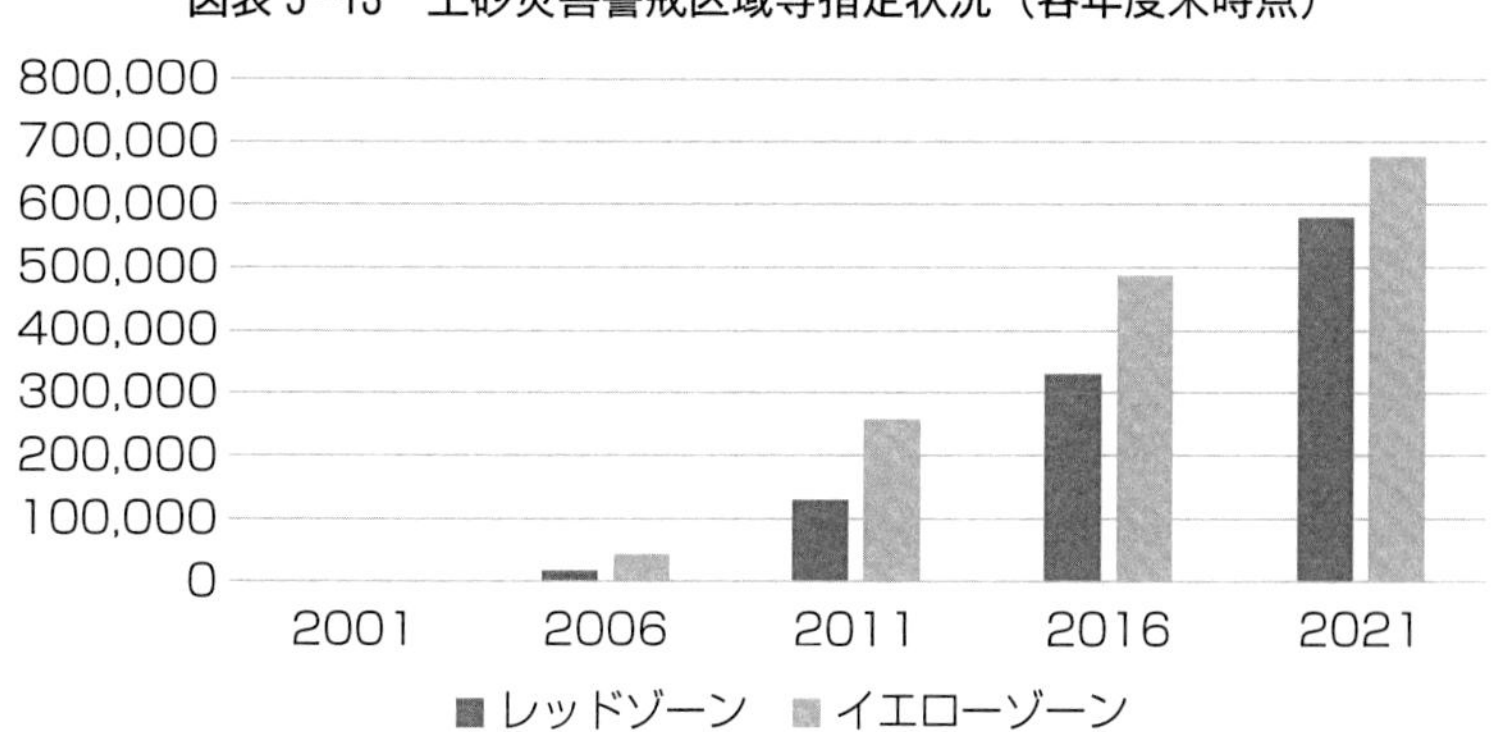

ン）に指定されることが急増している。**指定されると宅地建物の評価額は大暴落**する。陽当たりや景色がいいからと、**山手の住宅を安易に買ってはいけない。**

13．2025年へ向けて

２０２０～２０２２年の3年間、新型コロナウイルス禍でインバウンドが激減し、経済が停滞した。新設住宅着工戸数は２０２０年に落ち込んだが、２０２１は前年比６・３％増の８５６、４８４戸で増加した。２０２２年の地価公示では、大阪市難波の道頓堀周辺が商業地における地価下落率日本一になったが、大阪・関西万博に向けての復興が期待される。

２０２５年は、どのような年になるのだろう。人口の多い団塊の世代が、全員、後期高齢者（75歳以上）となる（**２０２５年問題**）。厚生労働省によると、75歳以上の１人当たりの医療費は約92万円で、45～64歳の約３・２倍、財政のピンチである。エネルギー問題も深刻である。しかしながら、ピンチはチャンスである。たとえば、駅の改札口や鉄道の枕木の下に発電機をつけて発電する技術、地震や雷のエネルギーで発電する方法は読者の皆さんに考えてほしい。知恵を絞って前に進んで行こうではないか。

注

（注1）厚生労働省の資料から作成（2020年、健康寿命のみ2019年）

（注2）筆者は2006年2月17日の「京都議定書発効1周年フォーラム」・2007年2月16~18日の「気候変動に関する世界市長・首長協議会・京都会議」に参加した。世界中の人との交流は有意義であり、外国の方々から京都が愛されていることを実感した。

（注3）京都新聞別刷・特別対談（2023年1月1日）より。

（注4）2020年に厚生労働省が発表した「国民生活基礎調査の概況」による。

（注5）米疾病予防管理センター（CDC・2021年）、国民健康・栄養調査（厚生労働省・2020年）のデータによる。

※本章は，2022年7月29日に行われた，大阪学院大学総合学術研究所主催・第1回講演会**『岸部のアルバム～2025年大阪・関西万博への都市計画』**（発表者・経済学部准教授・相川眞一）の講演内容や配布資料に加筆修正したものです。

第6章　不動産図鑑（初級編）

1．開発行為

開発行為とは、主として建築物の建築または特定工作物の建設の用に供する目的で行う土地の区画形質の変更（造成工事）をいう。写真6-1は、2017年11月現在の**横浜みなとみらい地区**の様子である。中央部分のタワークレーンは横浜市庁の建築、左端はマンションの建築現場である。現横浜市庁は、JR関内駅前の一等地にあるが、老朽化等の理由で建替え・移転が決定した。

開発行為をしようとする場合は、**都道府県知事等の許可**が必要である。ただ、**土地区画整理事業や市街地再開発事業の施行として行う場合等は許可不要**である。なお、写真の下側は2級河川大岡川である。

写真6－1

2. 河川

河川法上、**河川**とは、公共の水流および水面であり、**1級河川、2級河川および準用河川**がある、としている。私は、中学の時、富士山～東京というコースの修学旅行に行ったが、富士登山をした日に宿泊したのが、河口湖畔の足和田ホテル。翌朝、朝霧の中、湖畔を散歩していると、「**1級河川・河口湖**」という立て札を発見した。湖沼も河川法上の河川なのである。さて、写真6-2を見ると、字が薄くなっているが、「**準用河川貧乏川**」とある。貧乏とは、差別的な意味ではなく、「水量が少ない」という意味だそうだ。しかし、ゲリラ豪雨の後は洪水が発生する可能性があるので、神戸市長の下で管理されている。

写真6－2

3. 景観地区

景観法では、良好な景観は**国民共通の資産である**と規定し、市町村は、都市計画法に景観地区を指定できるとしている。景観地区では、建築物の形態意匠の制限・建築物の高さの最高限度または最低限度等を都市計画法に定める。写真6-3は、京都は四条大橋の中央から望んだ風景。京都独自の建築物が立ち並び、夏は舞妓さんがお世話してくれる川床料理で賑わう。建築物の意匠（デザイン）も古都における歴史的風情を感じさせる。**このようなその街独自の風景を守り、維持発展させ後世に伝えていくべき所が景観地区**である。四条大橋が掛かる四条通は、色彩の規制が厳しい。マクドナルドの看板は赤と黄色ではな

写真6－3

く茶色と黄色の落ち着いたデザイン、八坂神社横のファミリーマートの看板は緑色ではなく茶色の落ち着いた古都らしい色である。写真の左半分が景観地区で右半分の鴨川の流れる辺りが風致地区に指定されている。「鴨川べりのカップルは、等間隔で座る」という都市伝説が有名である。

4．「31」という数字

掛布雅之さんの背番号ではない。**20メートルを超える建築物**は原則として**避雷設備**の設置義務、**31メートルを超える建築物**は原則として**非常用昇降機**（エレベーター）の設置義務がある。なぜ「31」と中途半端なのか？

1920年施行の**市街地建築物法**で規定されたのだが、当時の建築物の高さは通常「**尺**」

写真６－４

で表し、切りのいい「１００尺＝約31メートル」とした（**ラウンド・ナンバー説**）、当時の高層建築物（三菱丸の内ビルディングが代表例）が高さ１００尺に収まっていたから（**既存建築物参考説**）、昔のはしご車は１００尺までしか届かなかったから（**はしご車説**）、31メートルは消防隊員が駆け上がる限界であるから（**消防隊員限界説**）等、諸説がある。非常用昇降機は、**火災時に消防隊員が使う**もので、内部には専用キーがあり、多少安全装置が壊れていても、**強引に作動**できる。その観点から、はしご車説および消防隊員説が有力説と言えよう。写真6-4は、当時の面影を残す現在の東京駅周辺である。

写真６－５

５．世界初！　鉄道経由の都市計画

友人のＳさんに強く勧められて一緒に観劇した（２０１７年10月22日・超大型台風の日）。私が観たのは、紅ゆずる主演の「ベルリン、わが愛」である。宝塚創始者の小林一三は、阪急梅田駅に百貨店を設置（鉄道会社が百貨店を経営したのは、世界初）し、沿線に住宅地を造り、家と勤務地とを結び、宝塚歌劇団・宝塚ファミリーランド・東宝映画館を造り、家と行楽地とを結んだ。阪急電鉄は運賃で儲け、沿線住民は仕事と遊びを効率よくこなし満足度の高い人生を歩んでいるのである。また、小林一三は非公式に東急電鉄の経営にもタッチし、同様の手法で東急東横線を造ったという。どおりで、阪急神戸線と東

写真6－6

急東横線の雰囲気が似ているはずである。2020年、宝塚大劇場の横に宝塚ホテルが移転、さらに市立文化芸術センターの新設、市立手塚治虫記念館のリニューアルで宝塚が一体化する。これまで以上に、観劇後の余韻をホテルの食事で楽しむことができる（写真6-5下は、2級河川武庫川）。

6．高度利用地区

高度利用地区とは、いわゆる高層ビル街である。当該地区では、「再開発」をすることが多い。再開発とは、ゴミゴミした**低層住宅**が密集している地区を取り壊し、**高層建築物**を建て（高度利用）、**道路を広げて公園を造る**（都市機能の更新）ことである。これによって、快適性・防災性をも高めることができる。写真6-6は、**ＪＲ吹田駅北口地区第一種市街地再開発事業**により造られた街の風景で、この辺りは高度利用地区に指定され、面積が約18,000㎡である。

写真6-7

7．宅地造成工事規制区域

宅地造成等規制法は、1961年に制定されたが、六甲山が原因だと言われている。**六甲山は日本一、崖くずれまたは土砂の流出の多い山**とされていて、それを防止するためであった。そこで、都道府県知事等が、宅地造成に伴い災害が生ずるおそれが大きい市街地または市街地となろうとする土地の区域であって、宅地造成に関する工事について規制を行う必要があるものを**宅地造成工事規制区域に指定**する。指定したときは、写真6-7

のように**公示**をする。宅地造成工事をするには、あらかじめ**許可**が必要である。勝手にすると、土砂災害の原因となるからである。

写真６－８

8．タワーマンション

以前、節税目的でタワーマンションを買う人が目立ったが、税法の改正で、今は公平に課税される。**住宅を節税目的や金儲け目的で買うことは、発想が間違っている。**住宅の取得はある意味では結婚と同じで、「この家と一生を共にしたい！」と惚れ込むことであり、そういう家に出会うことで住む人が幸せになり健康になるものである。

私も、海の近くのタワーマンション（写真6-8）に住み始めてから、運気が上昇したし、持病の喘息（ぜんそく）が全快した。

写真6－9

9．伝統的建造物群保存地区

　文化財保護法によると、周辺の環境と一体をなして歴史的風致を形成している建造物群で価値の高いもので、代表例は、神戸の異人館通りである。１８８１年、大阪造船所（現日立造船）を創設したエドワード・ハンターが北野町に住み始めると、居留地に住むエトランゼたちも移住し、現在約30軒が残っている。１９７７年には、さびれた神戸の復活を期して、ＮＨＫとの提携で「風見鶏」が放映された。月間４万人だった異人館通りの観光客が、放映開始３カ月後、12万人に伸びたのである。

写真6-10

10. トラス構造

「タワー博士」の異名を持つ**内藤多仲**が設計した東京タワー。1958年に高さ333メートルの、当時としては世界一高い自立式鉄塔が産経新聞の創業者、前田久吉により建設された。写真6-10のように、**「三角形の鉄」を組み合わせたトラス構造**で造られている。トラス構造は、タワー・鉄橋・建築物等に活用されている。これは、なるべく**少ない鉄の量で地震・風・雪等の外力に対して強くなる**からである。もちろん、**見た目も美しい**。鉄骨の合間から見える青い空・日没直後の群青色の空の色（**夜景学**という学問では、**「ブルーモーメント」**という）が絶景である。鉄骨の形成については、トラス以外に**ラーメン**

写真６−11

構造（柱とはりを組み合わせた直方体）・**アーチ構造**（曲線上のもの）の形式がある。

11．道路一体建物

道路法によると、道路上に私権を行使できない。人や物を輸送するという本来の公共的な目的を維持するためである。ところが、写真6-11は、道路がビルを貫通している。

もともとこの敷地は大阪市の市有地であったが、A社と阪神高速道路公団が取得を希望した。A社はビルを建築するために、阪神高速は高架道路を通すために。大阪市は、両者の希望実現のために粋な決断をした。土地はA社に売りA社にビルを建築させるのだが、「阪神高速さんに道路の一定空間を無料で使用（**使用貸借権**の設定）させなさい」という

写真6－12

条件を付したそうだ。いかにも、花を捨て実を取る大阪人の合理的精神が感じられる。

12．特定街区

特定街区とは、市街地の整備改善を図るため街区の整備または造成が行われる地区について、その街区内における建築物の**容積率**ならびに**建築物の高さの最高限度**および**壁面の位置の制限**を定める地区である。簡単に言うと**超高層ビル街**で、代表例は写真6－12の新宿都庁周辺である。この辺りは、「東洋の摩天楼」と呼ばれている。超高層ビルの壁は、自然の風向きを変えてしまう。風向きが変わると気象も変わる。近年、ゲリラ豪雨等の異常気象が増加しているのも超高層ビルが原因と言われている。そこで、設計に前後して模型を造り、扇風機で風を当てる実験を繰り返し、自然の風向きをなるべく変えない形・向き等を考察し、ビルを建てることが多い。

写真6−13

13．特定工作物

特定工作物には、第一種特定工作物・第二種特定工作物の2種類があり、前者はコンクリートプラント（**生コンクリートの工場**）・クラッシャープラント（**採石・砕石処理場**）等で、後者は**1ヘクタール以上の運動・レジャー施設**、1ヘクタール以上の墓園である。

1ヘクタールとは10，000㎡、1アールは100㎡である。1ヘクタールと言ってもピンとこない。私がよく行く甲子園球場のグラウンド部分が約13，000㎡である。

余談で恐縮だが、ライト側の屋内練習場の壁

写真６−14

にはファンクラブの会員名が掲示されているが、私の名前が1番目にある。何せ、五十音順であるから。

14．風致地区

都市の風致を維持するため定める地区である。風致を維持とは、枕草子によく出てくる「いとおかし」というような自然の美・情趣・おもむき等を守る意味合いである。写真6−14は、１９２６年に**わが国初の風致地区に指定された神宮外苑**周辺の、２０１７年11月時点の様子である。急ピッチで新国立競技場が建設されている。この区域内で建築物の建築・宅地造成・木竹の伐採・水面の埋立て・土石の採取等をすることは、**地方公共団体（市町村・都道府県等）の条例で規制**されている。「春の小川はさらさらいくよ…」の童謡のモデルと言われている渋谷川は、この近くで暗渠になっているらしい。

写真６−15

15. 防火地域

防火地域とは、市街地における**火災の危険を防除**するために定める地域である。写真6−15は、大阪は難波の**道頓堀**の風景である。昔、阪神が優勝した時に多くの人々が飛び込んだ伝説の場所である。このあたりは人通りが多く、火災が発生したら大変である。そこで、防火地域に指定されている。**防火地域に指定されると、原則として木造建物は建築制限される。**故に、もし火災が発生しても安心である。さらに、看板等の材料も**防火材料（不燃材料・準不燃材料・難燃材料）のうち**

写真6－16

一番厳しい不燃材料でつくるか、またはおおわなければならない（準防火地域には、この規制はない）。道頓堀周辺は、インバウンド激減で2022年地価公示で商業地の地価下落率日本一となった。

16．ウォーターフロント開発

写真6-16は、建築中の東京五輪の選手村である（2018年12月時点）。タウンネームは「晴海フラッグ（HARUMI FLAG）」で、五輪後に選手村の改装と追加のマンションの建築工事がなされ、24棟、人口約12、000人の巨大マンション街が誕生する。この写真は豊洲市場の屋上緑地より撮ったものである。緑地からは、東京湾全体が見渡すことができ、絶景である。

写真6−17

17. 行政区域

行政区域とは、行政上、地域を区分する単位のことで、都・道・府・県・市・区・町・村・字等である。川や山が区域の境界になることが多いが、写真6−17のように道路上に表示されることがある。場所は、私が以前スキーやゼミ合宿等でよく宿泊した斑尾高原ホテルの階段前の路上である。

18. 斜線制限

写真6−18のような**上層階が斜めになった建物**がある。斜めにすることで、道路への日照および通風を十分に確保できる。

写真６−18

19. 世界遺産・風致地区と環境問題

由比ヶ浜から西北を望むと、**世界遺産・富士山と江の島をバックに稲村ケ崎**が見える。1333年に新田義貞が黄金の太刀を投げ込み、鎌倉幕府を滅ぼすために攻め込んだ場所。風致地区で自然が保護されリスが多く棲む、桑田佳祐監督映画「稲村ジェーン」の舞台だ。だが、その向こうの七里ガ浜は、**地球温暖化等の影響で砂浜がなくなる**という深刻な環境問題に直面している。

20. 日本橋

日本橋は、徳川家康（1543～1616）が全国の大名を動員して架けた。現在の

写真6-19

橋は1911年建設の20代目。1964年の東京五輪を控え用地買収コストを抑え、工期を短縮するために首都高速を日本橋の上に建設し景観が損なわれた。老朽化した首都高を撤去・地下化し、景観を向上させ日本橋周辺を再開発する都市計画（防災・景観向上目的）が現在進行中である。首都高（1963年）-日本橋（1603年）-日本橋川（15世紀）-地下鉄（1932年）と**交通インフラが4つも縦に地層化**するのも悪くないのに…とも感じつつ、日本橋から歩いて1分の「にぎやかな」盛り付けの美味い寿司屋で、マスターの話を聞きながら寿司を食べた筆者であった。

21. 神田川

井の頭公園に源を発し両国橋脇で墨田川に

写真 6 -20

写真 6 -21

写真 6 -22

合流する一級河川。筆者は下積み時代、出張で度々後楽園前のホテルに泊まったが、窓の外には神田川が見えた。1990年に完成した地上48階、地下3階、高さ243・4mの東京都庁舎。当時は「バベルの塔」をもじって「バブルの塔」と揶揄されたが、一般人が展望台に上って景色を楽しみ（無料）、職員食堂でランチができて、評判がいい。また、地震時でも安心な地盤の固い武蔵野台地にある。神田川と東京都庁舎、昭和と平成を代表する風景のコラボである。

22. うめきた再開発

うめきた地区は、関西国際空港・伊丹空港・神戸空港の3つの空港、新幹線、JR、私鉄等の交通網の中心に位置し、利便性がきわめて高く、国土軸の重要拠点である。もともと貨物駅の操車場跡地約24haの広大な空地で、先行区域（1期・7ha）は既にグランフロント大阪が建築され成功を収めている。残りのうめきた2期（17ha）が開発の進行中である。都市公園等の8haのみどりの整備が最大のウリと考える。面積は小さいもののニューヨークのセントラルパークを彷彿させる。市民や旅行客の憩いの場、防災拠点としても重要となろう。日本のGDPにおける関西のシェアは、1970年に約20%、2022年には約15%に低迷している。2022年、大阪市は**スーパーシティ**に指定された。2025年大阪・関西万博を通過点として、うめきた地区と夢洲を核にレガシーを創造し、関西の底上げをし、東京一極集中を緩和しなければならない。

国家試験にチャレンジ！㉗（宅地建物取引士試験・1987年・一部改題）

次の記述のうち、都市計画法による開発許可を必要としない開発行為はどれか。

1 市街化調整区域において行う開発行為で一定規模に満たないもの
2 市街化区域内において行う開発行為で、農業を営む者の住宅建築目的で行うもの
3 学校の建築の用に供する目的で行う開発行為
4 土地区画整理事業の施行として行う開発行為

正解は、4である。

国家試験にチャレンジ！㉘（宅地建物取引士試験・１９８６年・一部改題）

都市計画法に定める地域地区に関する次の記述のうち、誤っているものはどれか。

1 第一種住居地域は、住居の環境を保護するため定める地域である。
2 工業地域は、主として工業の利便を保護するため定める地域である。
3 高度利用地区は、建築物の高さの最高限度又は最低限度を定める地域である。
4 風致地区は、都市の風致を維持するため定める地区である。

正解は、３である。

第7章　初学者のための練習問題50選

1．民法等

問1　不動産とは、民法上、何であるか。

1　土地および建物である。
2　土地および住宅である。
3　土地およびその定着物である。
4　土地および家屋である。

問2　不動産の国家資格の専門分野に関し、誤っているものはどれか。

1　マンション管理は、マンション管理士
2　鑑定評価は、不動産鑑定士
3　測量は、測量士

4　表示に関する登記は、司法書士

問3　賃貸借に関し、民法、借地借家法、および判例によれば正しいものはどれか。

1　賃貸借契約終了後、部屋の明渡しと同時に、賃貸人は敷金返還義務がある。

2　賃貸人の同意を得て付加した造作は、契約終了後、賃貸人に買取請求ができる。

3　契約書を作成しなければ、契約は成立しない。

4　借賃は、特約がなければ、前月末に支払う。

問4　不動産登記に関し、正しいものはどれか。

1　地積とは、土地の現状・使用目的等によりその種類を示す分類名をいう。

2　地目とは、土地の面積をいう。

3　所有権の登記は、甲区になされる。

4　賃借権の登記は、表題部になされる。

2. 地理・歴史・防災

問5　左記のうち、地震に最も強い土地はどれか。

1　旧河道　2　丘陵地　3　海ばつの低い平野　4　山の斜面

問6　左記のうち、最も宅地に向いている土地はどれか。

1　台地　2　扇状地　3　干拓地　4　埋立地

問7　左記の地名で水害に弱いとは言えないものはどれか。

1　千里丘陵　2　荻窪　3　梅田　4　渋谷

問8　耐震構造の研究の発端となった地震は、どれか。

1　南海地震　2　濃尾地震　3　福井地震　4　新潟地震

問9　昭和56年の耐震基準強化の原因となった地震はどれか。

1　鳥取地震　2　十勝沖地震　3　宮城県沖地震　4　芸予地震

問10　次の記述のうち、誤っているものはどれか。

1　自助とは、自らの命を守るため日頃から備えること

2　共助とは、地域の自治会等が日頃からコミュニティの維持発展に取り組む等いざという時に支え合うこと

3　公助とは、自治体等が災害時に住民の安全確保のため日頃から仕組みをつくること

4　幇助とは、介護をすること

3. 都市・都市計画

問11 都市計画法に関し、正しいものはどれか。

1 都市計画区域は、原則として、都道府県が指定する。
2 都市計画は、原則として、国と市町村が分担して決定する。
3 都道府県と市町村の都市計画が対立したら、国土交通大臣が調整に入る。
4 都市計画決定の前に、公聴会が開催されることはない。

問12 都市計画法上の用途地域に該当しないものはどれか。

1 商業地域　2 工業地域　3 文教地区　4 田園住居地域

問13 都市計画法に関し、正しいものはどれか。

1 すでに市街地となっている区域は、市街化区域ではない。
2 開発行為をしようとする場合、原則として、知事等の許可が必要である。
3 市街化調整区域とは、市街化を禁止すべき区域である。
4 市街化調整区域では、用途地域を指定できない。

問14 農地法上の農地に該当しないものはどれか。

1 田　2 果樹園　3 家庭菜園　4 コンニャク畑（地目は山林）

問15　建築基準法上の用途制限に関し、誤っているものはどれか（原則論で）。

1　田園住居地域では、農産物直売所を建築できる。
2　商業地域では、カラオケボックスを建築できる。
3　工業地域では、住宅を建築できない。
4　工業専用地域では、住宅を建築できない。

問16　都市計画法上の地域地区に関し、誤っているものはどれか。

1　風致地区では、都市の風致を維持（自然美を守る）する。
2　高度利用地区では、建築物の高さの最高限度または最低限度を定める。
3　高度利用地区では、市街地再開発事業等を行う。
4　特定街区とは、いわゆる超高層ビル街である。

4. 宅地建物取引業法

問17　左記のうち、宅地建物取引士の独占業務に該当しないものはどれか。

1　買主等に、重要事項の説明をする。
2　重要事項説明書（35条書面）に記名をする。
3　契約書（37条書面）の説明をする。

4　契約書（37条書面）に記名をする。

問18　宅地建物取引業に該当するものはどれか。

1　マンションの賃貸業
2　ビルの管理業
3　賃貸マンションの貸借のあっせん
4　不動産の広告業

問19　宅地建物取引業の免許を原則として受けることができる者はどれか。

1　高校3年生の一夫さん
2　1年前、人を殴って罰金刑になった二郎さん
3　選挙中に公職選挙法違反で禁錮刑になった三夫さん
4　暴力団から足を洗い3年を経過した四郎さん

問20　左記の宅地建物取引業の業務の順で正しいものはどれか。

①　契約の締結　②　契約書の交付　③　重要事項の説明

1　①➡②➡③の順にする。
2　①➡③➡②の順にする。
3　③➡①➡②の順にする。
4　③が一番最初で、①と②は同時にする。

問21　宅地建物取引業者Aが、B所有の土地を媒介してCに1、000万円で売る契約を成立させた。Aは、BおよびCから最大限いくらまで報酬を受領できるか（消費税は考慮しない）。

1　30万円　2　36万円　3　60万円　4　72万円

問22　左記のうち、宅地建物取引業を開業するために必要なものはどれか。

1　登録　2　承認　3　免許　4　許可

5．土木・建築

問23　左記単位のうち、正しいものはどれか。

1　1坪は、30平方メートル。
2　1アールは、1、000平方メートル。
3　1ヘクタールは、10、000平方メートル。
4　百尺は、約51メートル。

問24　土木・建築に関する次の記述のうち、正しいものはどれか。

1　低地部は、水害に強い。
2　切土部分は、地盤沈下が発生しやすい。

3　モルタルの成分は、一般的に、水、砂およびセメントである。
4　液状化現象と地盤沈下が同時に発生しない。

問25　木造建築物において、耐震上有効なものはどれか。
1　土台を頑丈にする。
2　屋根は、重いほうがよい。
3　湿った木材のほうが、耐久性がある。
4　耐震上有効とすることはできない。

問26　建築の構造に関する次の記述のうち、正しいものはどれか。
1　鉄骨は、火に強い。
2　ラーメン構造とは、鉄骨の形がちぢれている。
3　コンクリートは、火に弱い。
4　アーチ構造とは、曲線状である。

問27　建築基準法に関し、正しいものはどれか。
1　高さ20メートルの建物には、避雷設備の設置義務がある。
2　高さ31メートルの建物には、非常用昇降機の設置義務がある。
3　居室の天井の高さは、2・1メートル以上でなければならない。
4　準防火地域の屋上看板は、耐火材料で作りまたはおおわなければならない。

問28　建築基準法に関し、正しいものはどれか。

1　中華料理店は、料理店に該当する。
2　ぱちんこ屋は、第二種住居地域に建築できる。
3　個室付浴場業に係る公衆浴場とは、銭湯のことである。
4　建物を新築する場合には、建築確認は不要である。

6. 広　告

問29　不動産広告の用語の意味で誤っているものは、どれか。

1　L…リビングルーム
2　K…キッチン
3　DK…ダイニング・キッチン
4　EV…エレクトニック・ヴィーム

問30　不動産に関する公正競争規約に関し、誤っているものはどれか。

1　「東京駅から徒歩5分」とは、約500メートルである。
2　「新築」とは、建築後1年未満で居住に供されたことがないものをいう。
3　「納戸」を、居室と表示してはならない。

4　畳1枚の広さは、1・62平方メートル以上である。

7. 税金・金融・経済

問31　消費税がかからない取引はどれか。

1　チョコを買う。　2　土地を買う。　3　家を買う。　4　家具を買う。

問32　課税団体について、正しいものはどれか。

1　固定資産税は、市町村

2　不動産取得税は、国

3　所得税は、都道府県

4　登録免許税は、地方公共団体

問33　登記をする時にかかる税金はどれか。

1　登録免許税　2　所得税　3　固定資産税　4　不動産取得税

問34　不動産を保有する時にかかる税金はどれか。

1　固定資産税　2　所得税　3　印紙税　4　住民税

問35　金銭の借入れ等に関し、正しいものはどれか。

1　フラット35は、保証人および保証料が不要である。

2　住宅ローンの金利は、通常は固定のみである。
3　フラット35の金利は、変動のみである。
4　自宅を担保に借金し、死亡時に自宅売却で返済することを、リースバックという。

問36　次のうち、正しいものはどれか。
1　ナイトタイムエコノミーとは、夜間料金を無料にすることである。
2　タイパとは、時間に対する成果や満足度である。
3　財政政策とは、中央銀行が市中銀行にお金を貸し出すときの金利を変動させることで一国の経済市場を動かす政策
4　金融政策とは、経済を刺激するために財政を用いて需要を生み出す政策である。

8．景観・地球環境

問37　景観等に関し、誤っているものはどれか。
1　京都四条通では、看板の色に規制がある。
2　景観法では、美しい景観は国民共通の財産と規定している。
3　景観地区では、建築物の形態意匠が規制されている。
4　高度利用地区では、土地の高度利用よりも景観が重視される。

問38　地球環境に関し、誤っているものはどれか。

1　アスベストを吸い込むと、肺疾患を患う可能性がある。
2　アスベストを建築材料に添加してもよい。
3　工場跡地は、土壌汚染されている可能性が高い。
4　東京駅舎の中低層化により、海から皇居への風通しが確保されている。

問39　次の専門用語と意味の組合せのうち、誤っているものはどれか。

1　サステナブル――持続可能な
2　SDGs――持続可能な開発目標
3　スマートシティ――国家戦略を行うスーパーシティ
4　コンパクトシティ――住居、職場、学校、病院等を、都市中心部にコンパクトに集め、自動車に頼らず、歩いて生活できるまち

9. 不動産鑑定評価

問40　不動産の鑑定評価に関し、正しいものはどれか。

1　求められる価格は、基本的には、正常価格である。
2　不動産鑑定士の意見ではない。

3　三者に影響を与える要因を特殊事情という。
4　特定価格は、市場性を有しない不動産の表示に用いられる。

問41　原価法が適用できない対象はどれか。

1　埋立地　2　既成市街地　3　造成地　4　建物

問42　取引事例比較法に関し、正しいものはどれか。

1　投機的取引に係る事例は、使用できない。
2　特殊事情を含む事例でも、使用できる。
3　事例の少ない寺院仏閣でも、適用は容易である。
4　古い事例は、使用できない。

問43　収益還元法に関し、誤っているものはどれか。

1　賃貸用不動産に適している。
2　企業用不動産に適している。
3　その不動産を貸したらいくら収益が上がるかから考える。
4　自ら使用しているマイホームの鑑定評価には適用できない。

問44　商業地（2022年・地価公示）で、地価が日本一上昇している都市は（①）で、主たる理由は（②）である。正しいものはどれか。

1　①福岡市　②天神ビックバン

2　①大阪市　②2025年万博の経済効果
3　①北広島市　②水資源の争奪戦
4　①北広島市　②日本ハムのボールパーク開発

問45　**商業地（2022年・地価公示）で、地価が日本一下落している都市は（①）の（②）周辺で、主たる理由は（③）である。正しいものはどれか。**

1　①大阪市　②道頓堀　③インバウンドの激減
2　①夕張市　②道頓堀　③財政破綻
3　①京都市　②八　幡　③製鉄業の斜陽
4　①北広島市　②八　幡　③製鉄業の斜陽

10．統計・万博

問46　**法人企業統計（財務省）では、2020年度の不動産業の売上高は約いくらか。**

1　22兆円　2　44兆円　3　49兆円　4　51兆円

問47　**問46に関連し、2020年度の不動産業の経常利益は約いくらか。**

1　1兆円　2　2兆円　3　3兆円　4　5兆円

問48　**国土交通省の公表では、2021年の新設住宅着工戸数は約いくらか。**

1　86万戸　2　96万戸　3　99万戸　4　104万戸

問49　次のうち、1970年の万博で披露されたものはいくつあるか。

①携帯電話　②原子力発電　③人間洗濯機　④空飛ぶクルマ

1　一つ　2　二つ　3　三つ　4　四つ

問50　2025年大阪・関西万博に関し、次のうち、誤っているものはどれか。

1　テーマは、いのち輝く未来社会のデザインである。

2　実装とは、既に実用化されている技術を実際に使い、社会的意義を周知することである。

3　実証とは、まだ実用化されていない未来の技術を試験的に運用し、社会的認知を得ることである。

4　電動垂直離着陸機とは、滑走により垂直に離着陸する航空機である。

初学者のための練習問題50選・解答一覧

問1	問2	問3	問4	問5	問6	問7	問8	問9	問10
3	4	2	3	2	1	1	2	3	4
問11	問12	問13	問14	問15	問16	問17	問18	問19	問20
1	3	2	3	3	2	3	3	1	3
問21	問22	問23	問24	問25	問26	問27	問28	問29	問30
4	3	3	3	1	4	3	2	4	1
問31	問32	問33	問34	問35	問36	問37	問38	問39	問40
2	1	1	1	1	2	4	2	3	1
問41	問42	問43	問44	問45	問46	問47	問48	問49	問50
2	1	4	4	1	2	4	1	3	4

【主要参考文献】

『都市経済学（第2版）』金本良嗣・藤原徹著（東洋経済新報社・2016年）
『地方消滅～東京一極集中が招く人口急減』増田寛也著（中公新書・2014年）
『土地改革の基本戦略』岩田規久男著（日本経済新聞社・1988年）
『税制について考えてみよう』（財務省）
『神戸市町別世帯数・人口』（神戸市企画調整局企画総合計画課）
『空家で困っていませんか？』（空家相談センターわかやま）
『不動産に関する行政法規』相川眞一著（TAC出版・1996年）
『バブルの経済理論―低金利、長期停滞、金融劣化』櫻川昌哉著（日本経済新聞出版・2021年）

あとがき

現在の職業の約50%が、人工知能（AI）に奪われるといわれている。さて、どうやってこれからの厳しい時代を乗り越えたらいいのか？　難しい問題であるが、私なりの考えをお話したい。

私にとって大切でかけがえのないもの、それは、大学の学生諸君・先輩・同僚・後輩・個人的な友人・読者の皆様方……である。教員（含：講師）生活45年という長い人生経験の中で知り合った人々、すなわち「**人的ネットワーク**」こそが、私の最大の宝であり資産である。日本国内はもちろん、海外にも及ぶ。ニューヨークでリムジン会社を経営する裕さんからは、「ニューヨークで和歌山県人会やっているから、遊びにおいでよ」、デュッセルドルフ（ドイツ）在住の淳子さんからは、「おとなしかった相川君が大学の先生なんてびっくり！　期待しているからね」とエールをくれる。**人的ネットワークという武器は、お金で買えない。AIに取って代わられることもない**。読者の皆様、**あなたの最大の武器は、人的ネットワークを獲得できる「あなた自身」**である。知人友人を大切にできる人が、ビジネスの世界で生き残ることができると考えている。個人の能力なんて、たかが知れている。しかしながら、100人のネットワークがあれば、**100人力**になる。

最近、大学生の就職活動における面接で、**「AI面接」**が導入され始めた。体験した人の話では、スマホを机に立て、画面から発せられる質問に答える質疑応答が、1時間前後続くそうだ。後日、スマホを通じて結果が伝えられ、通過すると、「AI・2次面接」となる。最終面接は人間がするらしいが、私は面白い試みだと思う。企業側にとっては、仕事量を減らすことができる。学生側にとっては、自宅で、しかも、24時間いつでも面接をしてもらえる。私は、これが**地方創生の起爆剤**になると考える。

なぜ？ それは、地方の大学生が、東京の企業の訪問をするために多くの金・時間・体力を消耗していることからである。せっかく地方の一流国立大学に合格したのに、就職活動の負担を考え、東京の私立大学に入学する人が少なくない。AI面接が一般化すると、地方の大学生の就活における不利が激減し、東京の大学の存在価値が少なからず（いや、大幅か？）低下する。

AIの発達で在宅勤務が増え、都心のオフィスビルの需要が減少する可能性がある。では、都心の地価は下がるか？ 下がらないと考える。なぜ？ インバウンドが激増し、ホテル等の需要が増加するからである。私のマンションの100メートル圏内に、コンビニが6店舗もあるが、以前は圧倒的に中国人のクルーが多かった。最近はタイ人・ベトナム人が増えている。「私の国では、お金を貯めてJAPANに行くぞ！　とがんばっている若者がたくさんおります」と彼らは生き生きと言う。彼らの友人が日本を訪れる日は、そう遠くないであろう。コンビニのレジでバイトするお兄さん・お姉さんも、私にとって、大切な人的ネットワークである。

ＡＩ等の発達で、生活環境が大きく変わろうとしている。今日の状況は、昨日の展開であり、明日を反映する。本書が、未来を予想する一手段になれれば幸いである。

最後に、常日頃より的確なご指導をしてくださった大阪商業大学経済学部教授の鎌苅宏司先生、元大阪学院大学外国語学部教授の多賀敏明先生ならびに、本書出版の実現に多大なるご尽力をしてくださった創成社の西田徹様に深く御礼申し上げます。

相川眞一

重要項目一覧

ア

カ

サ

タ

《著者紹介》

相川眞一（あいかわ・しんいち）

大阪学院大学経済学部准教授。
大学1年次より資格の学校の講師を勤め，2023年で45年目を迎える。
2016年4月より，准教授に就任。
専門分野は，「不動産学」「都市経済論」。

2018年3月5日　初版発行
2019年3月25日　改訂版発行
2023年4月25日　第3版発行

略称－不動産

ゼロからの不動産学講義［第3版］

著　者　相川眞一
発行者　塚田尚寛

発行所　東京都文京区春日2－13－1　株式会社　創成社

電　話 03（3868）3867　　F A X 03（5802）6802
出版部 03（3868）3857　　F A X 03（5802）6801
http://www.books-sosei.com　振　替 00150-9-191261

定価はカバーに表示してあります。

ISBN978-4-7944-3240-7 C3033
Printed in Japan

組版：緑舎　印刷：エーヴィスシステムズ
製本：エーヴィスシステムズ